普通高等院校"十三五"规划教材

企业沙盘模拟经营实训

QIYE SHAPAN MONI

JINGYING SHIXUN

周翠萍　李怀宝　樊春燕◎主　编
李爱宁　苏　明　徐红梅　张　霓　亓风华◎副主编

清华大学出版社
北　京

内 容 简 介

本书是基于企业沙盘模拟经营对抗而编写的实训指导,由基础篇、实战篇和提高篇三大部分组成。基础篇主要介绍了沙盘的起源和发展,企业沙盘模拟经营课程的产生、发展及价值,以及企业沙盘模拟经营中涉及的企业管理知识、实训要求与安排、团队建设、规则学习。实战篇主要介绍了沙盘盘面,33项年度工作,电子沙盘操作,基本方法、经营策略和分析工具,以及沙盘模拟经营过程中所使用的各种表格。提高篇主要介绍了企业沙盘模拟经营对抗中的实践经验。

本书适合本科、高职高专等院校的沙盘课程使用,也可作为企业内部的培训用书或参考书。

本书封面贴有清华大学出版社防伪标签,无标签者不得销售。

版权所有,侵权必究。举报: 010-62782989,beiqinquan@tup.tsinghua.edu.cn。

图书在版编目(CIP)数据

企业沙盘模拟经营实训 / 周翠萍,李怀宝,樊春燕主编. —北京: 清华大学出版社,2018(2024.1重印)
(普通高等院校"十三五"规划教材)
ISBN 978-7-302-51359-9

Ⅰ.①企… Ⅱ.①周… ②李… ③樊… Ⅲ.①企业管理-计算机管理系统-高等学校-教材 Ⅳ.①F270.7

中国版本图书馆 CIP 数据核字(2018)第 229149 号

责任编辑: 刘志彬
封面设计: 汉风唐韵
责任校对: 宋玉莲
责任印制: 丛怀宇

出版发行: 清华大学出版社
网 址: https://www.tup.com.cn,https://www.wqxuetang.com
地 址: 北京清华大学学研大厦 A 座
邮 编: 100084
社 总 机: 010-83470000
邮 购: 010-62786544
投稿与读者服务: 010-62776969, c-service@tup.tsinghua.edu.cn
质量反馈: 010-62772015, zhiliang@tup.tsinghua.edu.cn
印 装 者: 三河市人民印务有限公司
经 销: 全国新华书店
开 本: 185mm×260mm
印 张: 16.75
字 数: 407 千字
版 次: 2018 年 10 月第 1 版
印 次: 2024 年 1 月第 7 次印刷
定 价: 50.00 元

产品编号: 076231-01

前 言

沙盘模拟教学目前已被中职、高职、本科等很多院校所接受,其教学方式新颖,课堂气氛活跃,学生参与度高,同时具备趣味性和对抗性,深受广大师生的欢迎。

沙盘模拟实训课程不同于一般的以理论和案例为主的理论课程,它涉及整体战略、产品研发、设备投资改造、生产能力规划、物料需求计划、资金需求计划、市场与销售、财务经济指标分析、市场指标分析、团队沟通与团队建设等多方面的内容。企业结构和管理操作全部体现在企业沙盘模拟经营过程中,每位学生都能直接参与模拟企业的运作,体验复杂、抽象的经营管理理论。

沙盘模拟课程有以下特点:

(1) 体验式教学,改变传统的人才培养模式;

(2) 教学内容综合化,综合应用课堂上所学的企业管理相关知识;

(3) 教学主体多元化,改变以教师为主的授课模式,让学生成为主体,培养学生的团队协作能力;

(4) 教学方法多元化,能够充分调动学生的积极性,从而激发学生的学习潜能;

(5) 设置职业岗位,引发学生对未来职业发展的定位与思考。

本书由基础篇、实战篇和提高篇三大部分组成。基础篇主要介绍了沙盘的起源和发展,企业沙盘模拟经营课程的产生、发展及价值,以及企业沙盘模拟经营中涉及的企业管理知识、实训要求与安排、团队建设、规则学习。实战篇主要介绍了沙盘盘面,33 项年度工作,电子沙盘操作,基本方法、经营策略和分析工具,以及沙盘模拟经营过程中所使用的各种表格。提高篇主要介绍了企业沙盘模拟经营对抗中的实践经验。本书基于企业沙盘模拟经营对抗而编写,以服务教学为目的,讲解了企业沙盘模拟经营及操作流程,有详细图示解析,通俗易懂。

本书由烟台南山学院周翠萍、庆阳职业技术学院李怀宝、山东电子职业技术学院樊春燕任主编，烟台南山学院李爱宁、广东外语外贸大学南国商学院苏明、烟台南山学院徐红梅、云南大学张霓、聊城职业技术学院亓风华任副主编。本书的作者都是从事沙盘教学的资深教师，指导学生竞赛获得过突出成绩。本书旨在指导参赛学生对企业中的不同角色和职责进行剖析，做到以学促赛、以赛促学。

  由于编者水平有限，如有疏忽和不当之处，敬请指正，以期日后改正和完善。

编　者

目　录

第1章　基础篇　1

1.1　沙盘的起源和发展 …………………………………………… 1
1.2　企业沙盘模拟经营课程的产生、发展及价值 ……………… 1
1.3　企业管理知识 …………………………………………………… 4
1.4　企业沙盘模拟经营涉及的企业管理知识 …………………… 14
1.5　实训要求与安排 ………………………………………………… 17
1.6　团队建设 ………………………………………………………… 18
1.7　规则学习 ………………………………………………………… 21

第2章　实战篇　30

2.1　沙盘盘面介绍 …………………………………………………… 30
2.2　33项年度工作 …………………………………………………… 37
2.3　电子沙盘操作 …………………………………………………… 44
2.4　基本方法、经营策略和分析工具 …………………………… 64
2.5　经营手册 ………………………………………………………… 95

第3章　提高篇　227

3.1　战略模块 ………………………………………………………… 227
3.2　财务模块 ………………………………………………………… 235
3.3　市场模块 ………………………………………………………… 246
3.4　生产模块 ………………………………………………………… 252

3.5 采购模块 255

3.6 团队模块 258

参考文献 261

第1章 基础篇

1.1 沙盘的起源和发展

沙盘是根据地形图或实地地形,按一定的比例关系,用泥沙、兵棋等各种材料堆制而成的模型。在军事上,常供研究地形、敌情、作战方案、组织协调动作和实施训练时使用。

沙盘在我国已有悠久的历史。据《后汉书·马援传》记载,公元32年,汉光武帝征讨陇西的隗嚣,召名将马援商讨进军战略。马援对陇西一带的地理情况很熟悉,就用米堆成一个与实地地形相似的模型,从战术上做了详尽的分析。光武帝刘秀看后,高兴地说:"敌人尽在我的眼中了!"这就是最早的沙盘作业。

1811年,普鲁士国王菲特烈·威廉三世的文职军事顾问冯·莱斯维茨,用胶泥制作了一个精巧的战场模型,用颜色把道路、河流、村庄和树林表示出来,用小瓷块代表军队和武器,陈列在波茨坦皇宫里,用来进行军事游戏。后来,莱斯维茨的儿子利用沙盘、地图表示地形地貌,以算时器表示军队和武器的配置情况,按照实战方式进行策略谋划。这种"战争博弈"就是现代沙盘模拟作业。

近年来,随着科技的不断发展,沙盘作业也在与时俱进,直到现在,沙盘被运用到了企业运营中。不论企业的规模和行业的类型,都能通过沙盘这一工具将企业的运作完全表现出来。现在,沙盘模拟经营培训在企业中的运用越来越广泛,也有越来越多的企业开展这样的培训。

1.2 企业沙盘模拟经营课程的产生、发展及价值

1.2.1 企业沙盘模拟经营课程的产生

20世纪20年代,英国、美国的知名商学院和管理咨询机构将军事沙盘引入商业领域,

并开发出企业模拟经营系统，建立适合企业管理人员和大学管理专业学生的企业沙盘模拟经营课程。企业沙盘模拟经营课程最早被美国哈佛大学应用于 MBA 教学，是集知识性、趣味性、对抗性于一体的企业管理技能训练课程。

20 世纪后半叶，企业沙盘模拟经营培训开始在欧洲、日本和其他发达国家的企业界和教育界风行。20 世纪 80 年代，企业沙盘模拟经营培训进入中国，并率先在企业的高层培训中使用。进入 21 世纪，企业沙盘模拟经营课程在我国高等院校中得到迅速推广，已成为许多高校实践教学的热点课程，同时也为广大的中国企业界精英人士所熟知，成为高校实践教学和国内大中型企业内训的先进工具之一。

1.2.2　企业沙盘模拟经营课程的发展

沙盘模拟经营课程进入我国以后获得了迅速的发展，很多高校和企业培训机构都逐步开设了沙盘课程。我国不少研究人员和软件开发商也在此基础上对原有的沙盘及相关技术进行了优化和改进，对沙盘课程的丰富和完善做出了贡献。下面简单介绍沙盘课程在我国的发展情况。

我国最早引入的原始沙盘是基于手工操作的，称为手工沙盘或物理沙盘。手工沙盘需要借助一些教具，如盘面、筹码、单据和标识等。学生初次接触手工沙盘，容易理解和接受，兴趣也更加浓厚，但是需要指导教师和学生花费更多的时间和精力。手工沙盘操作简便易行，目前仍有部分培训机构和院校在使用。

沙盘课程进入我国不久，国内企业就研发了相关配套软件，称为软件模拟类沙盘或电子沙盘。在电子沙盘中，学生需要把企业经营的操作过程逐步在计算机系统里完成，这相当于录入了实战企业的全部原始凭证，对实战过程进行了监控，为全面管理数据提供了方便。随着相关配套软件的完善和网络技术的发展，目前已经实现在计算机和网络中进行企业经营决策的博弈。

为了使企业沙盘模拟经营课程更有趣味性，操作更加简便，监测更加谨密，也有很多高校和管理培训机构将手工沙盘和电子沙盘结合起来使用。本书正是基于手工沙盘和电子沙盘的结合使用而编写的。

1.2.3　企业沙盘模拟经营课程的价值

▶ 1. 拓宽知识层面，完善知识结构

企业沙盘模拟经营是一门集理论与实践于一体的综合性课程，该课程的基础背景设定为初创的生产型企业，企业包括营销与规划中心、生产中心、采购中心、财务中心等职能中心。各职能中心涵盖了企业运营的所有关键环节：战略规划、资金筹集、市场营销、产品研发、生产组织、物资采购、设备投资与改造、财务核算与管理等，把企业运营所处的内外环境抽象为一系列的规则。通过模拟实训可以使学生在战略管理、营销管理、生产管理、财务管理、人力资源管理、沟通管理、信息管理、危机处理等方面得到实际锻炼。

企业沙盘模拟经营课程将参与者分为若干团队，每个团队模拟一个企业的运作。团队成员分别担任总经理、财务总监、营销总监、生产总监、采购总监等管理职位，体验企业经营决策的完整流程。每个学生扮演不同角色，要求参与者具有不同的岗位知识、专业技能，这突破了专业方向对参与者的限制，促进了参与者对企业经营管理相关知识的学习和强化。同时，企业的模拟经营也是一个团队齐心协力、互相配合的过程，参与者要熟悉各个岗位的专业知识，这也大大拓展了参与者的知识面，有助于提升参与者的管理能力。

▶ 2. 改变教学方式，激发学习兴趣

一直以来，学习都被大多数人认为是一个艰苦的过程，古人用"学海无涯苦作舟""十年寒窗苦"等来形容求学的艰辛。而企业沙盘模拟经营这一体验式教学方法，使学习过程不再枯燥，知识不再晦涩，可以增加学生的参与度，激发学习热情。课堂不再是老师一个人"满堂灌"，而是让学生亲自参与企业经营的全过程，体验不同的角色职责。兴趣是最好的老师，有了自主学习的动力，知识掌握起来也更加容易，技能锻炼得更加扎实。

▶ 3. 提升管理技能，提高综合素质

企业沙盘模拟经营是对企业经营管理的全方位展示，通过模拟实训可以使学生在战略管理、营销管理、生产管理、财务管理、人力资源管理、信息管理等方面的管理知识得到综合运用。这种训练跨越了专业和部门，学生借助企业经营沙盘推演自己的企业经营管理思路，每一次基于现场的案例分析及基于数据分析的企业诊断，都会使学生受益匪浅，达到磨炼商业决策敏感度，提升决策能力及长期规划能力的目的。在企业沙盘模拟经营中，学生将充分运用所学知识积极思考，在不断的成功与失败中获取新知，加强团队合作，培养实践能力，提升管理技能和综合素质。

▶ 4. 树立共赢理念

市场竞争是激烈的，也是不可避免的，但竞争并不意味着你死我活，寻求与合作伙伴之间的双赢、共赢才是企业发展的长久之道。这就要求企业知己知彼，在市场分析、竞争对手分析上做足文章，在竞争中寻求合作，企业才会有无限的发展机遇。

▶ 5. 全局观念与团队合作

通过企业沙盘模拟经营课程的学习，受训者可以深刻体会团队协作精神的重要性。在企业运营这样一艘大船上，总经理是舵手、财务总监保驾护航、营销总监冲锋陷阵……在这里，每一个角色都要以企业总体最优为出发点，各司其职，相互协作，才能在竞争中立于不败之地，实现目标。

▶ 6. 保持诚信

诚信是一个企业立足之本，也是企业的发展之本。诚信原则在企业沙盘模拟经营课程中体现为对"游戏规则"的遵守，如市场竞争规则、产能计算规则、生产设备购置及转产等具体业务的处理。保持诚信不仅是对学生参与实训的基本要求，也是学生立足社会、发展自我的基本素质。

▶ 7. 个性与职业定位

每个个体因为拥有不同的个性而存在，这种个性在企业沙盘模拟经营对抗中会显露无遗。在分组对抗中，有的小组轰轰烈烈，有的小组稳扎稳打，还有的小组则不知所措。虽然个性特点与担任角色有一定的关联，但在现实生活中，很多人并不是因为"爱一行"才"干一行"，更多的时候需要大家"干一行"就"爱一行"。

▶ 8. 感悟人生

在残酷的市场竞争与不可控的企业经营风险面前，是"轻言放弃"还是"坚持到底"，这不仅是一个企业可能面临的问题,更是人生中需要不断抉择的问题,经营自己的人生与经营一个企业具有一定的相通性。

1.3 企业管理知识

1.3.1 战略管理

成功的企业都有着明确的企业战略,包括产品战略、市场战略、竞争战略及财务管理战略。战略管理是企业确定使命,并在宏观层次上充分考虑企业内外的人、财、物及信息等资源,根据企业内外环境设定企业的战略目标,围绕此目标设计阶段性目标及各阶段目标的执行与实现策略,同时依靠企业内外部力量将策略付诸实施,以及战略目标实现过程中的动态管理控制。

▶ 1. 波特五力模型

波特五力模型是迈克尔·波特于20世纪80年代初提出的,他认为行业中存在决定竞争规模和程度的五种力量,这五种力量综合起来影响着产业的吸引力以及现有企业的竞争战略决策。五种力量分别为行业内现有竞争者的竞争能力、潜在竞争者进入的能力、供应商的讨价还价能力、购买者的讨价还价能力和替代品的替代能力。

波特五力模型将大量不同的因素汇集在一个简便的模型中,以此分析一个行业的基本竞争态势,如图1.1所示。一种可行战略的提出首先应该确认并评价这五种力量,不同力量的特性和重要性因行业和公司的不同而不同。

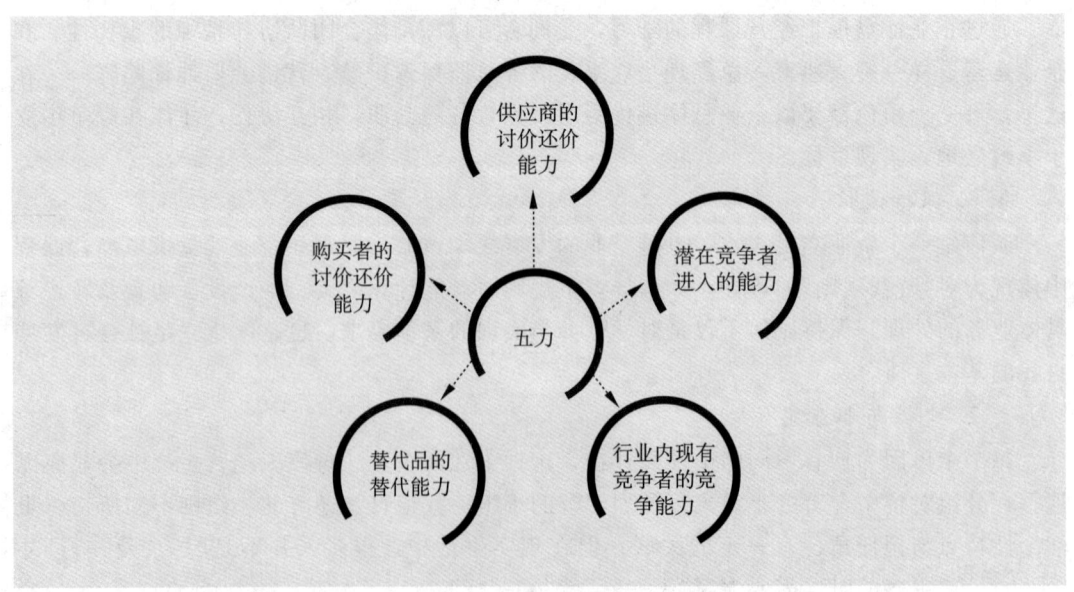

图1.1 波特五力模型

根据波特五力模型和企业具体情况可采取表1.1所示战略。

表 1.1 波特五力模型与可采取的战略

行业内的五种力量	一般战略		
	成本领先战略	产品差异化战略	集中战略
行业内现有竞争者的竞争能力	能更好地进行价格竞争	品牌忠诚度能使顾客不理睬竞争对手	竞争对手无法满足集中差异化的顾客
潜在竞争者进入的能力	具备杀价能力以防止潜在者的进入	培育顾客忠诚度以打击潜在竞争者的信心	建立核心能力以阻止潜在竞争者的进入
供应商的讨价还价能力	更好地抑制大卖家的议价能力	更好地将供方的涨价部分转移给顾客	进货量低，供方的议价能力就高
购买者的讨价还价能力	具备向大买家出更低价格的能力	因为选择范围小而削弱了买家的谈判能力	因为没有选择范围而使买家丧失谈判能力
替代品的替代能力	能够利用低价抵御替代品	顾客习惯了一种产品或服务降低了替代品的威胁	特殊的产品和核心能力能够降低替代品的威胁

▶ 2. SWOT 分析

在企业经营沙盘中，模拟企业的起始资源是比较有限的，总经理不但要和财务经理考虑如何运用有限的资金，还要做好开拓新市场、研发新产品的规划，只有全面考虑影响企业发展的内外综合因素才能成为最后的赢家，而这些都要建立在充分了解企业内部条件与企业外部环境的基础上。

SWOT 分析即基于内外部竞争环境和竞争条件下的态势分析，就是将与企业密切相关的内部因素的优势(strengths)、劣势(weaknesses)和外部因素的机会(opportunities)、威胁(threats)等，通过调查列举出来，然后用系统分析的思想，把各种因素相互匹配起来加以分析，从中得出一系列相应的结论。运用 SWOT 分析方法，可以对模拟企业进行全面、系统、准确的研究，从而根据研究结果制定相应的发展战略、计划及对策等，如表 1.2 所示。

表 1.2 SWOT 分析表

	潜在外部威胁	潜在外部机会
外部因素	不利的政策 新的竞争者进入 市场增长缓慢 通货膨胀递增 代替品的销售额逐步上升 供应商和用户的议价能力增强 其他	有能力加入更好的企业集团 有进入新市场的可能 在同行中竞争业绩优良 顾客需求增强 市场增长迅速 能争取到新的顾客群 能够纵向一体化 其他

续表

	潜在内部优势	潜在内部劣势
内部因素	良好的融资能力和财务资源 产权技术 成本优势 产品创新 规模经济 高素质的管理人员 适应力强的经营战略 生产效率高的生产线 其他	管理不善 战略制定及实施的历史纪录不佳 资金紧张 总体成本高于同行 竞争妥协 生产线落后 产品线范围太窄 技术开发落后 其他

1) 内部因素的优势与劣势分析

企业能否在复杂的竞争环境中生存和发展，在很大程度上取决于企业内部的各种因素。所以，在进行企业内部因素的优势与劣势分析时，应从企业经营过程的每个环节来进行综合分析，必须看到一时的优势或劣势不是单一的竞争因素决定的。例如，一个质量过硬的产品不一定热销，可能是因为造型和包装不够时尚，如果此时企业经营者没有仔细分析市场需求，一味在质量上下功夫，将仍然无法使产品畅销；又如，产品质量很好，样式也新颖，如果没有找到合适的销售渠道，产品销售也会受阻。

2) 外部因素的机会与威胁分析

在企业经营环境的外部因素中，机会和威胁往往是相伴而来的。对于经营者来说，不仅要明确地辨别机会和威胁，更要带着"慧眼"，识别机会后面是否有威胁隐患，或者威胁能否带来新机会。例如，有一款手机看上去很像苹果公司的产品，漂亮时尚、功能齐全、细看牌子却是"苹果"，不过价钱仅为苹果公司产品的三分之一，甚至更便宜。这样的"山寨产品"对苹果公司无疑是一个威胁，因为有很多想用时尚手机又囊中羞涩的潜在用户可以选择"山寨版"的手机，让山寨公司赚了本来应该由正牌公司赚取的利润。但是这样的威胁可能会让经营者更加坚定地走中高端品牌的路线，锁定有中高消费能力的潜在客户，赚取更高的利润。

3) 三种成长战略的选择

(1) 密集性增长战略，企业的现有产品和现有市场有盈利潜力时可采用。密集性增长战略主要包括以下三种形式：

• 市场渗透战略，通过各种营销措施吸引顾客，增加现有产品在现有市场的销售量；

• 市场开发战略，努力使现有产品打入新的市场；

• 产品开发战略，在现有市场上通过改进原有产品或增加新产品来达到增加销售的目的。

(2) 一体化增长战略，企业所属行业的吸引力和增长潜力大时可采用。一体化增长战略主要包括以下三种形式：

• 后向一体化战略，生产企业向后控制供应商，使供应和生产一体化，实现供产结合；

- 前向一体化战略，企业向前控制分销系统，实现产销结合；
- 横向一体化战略，兼并或控制竞争者的同类产品企业。

一体化增长战略的三种形式可以在同一家企业实现。

（3）多角度增长战略，又称多样化增长战略或多元化增长战略，即向本行业以外发展，扩大业务范围，实现跨行业经营。多角度增长战略主要包括以下三种形式：

- 同心多角化战略，以现有产品为中心向外扩展业务范围，利用企业现有技术和力量，发展与现有产品近似的新产品；
- 横向多角化战略，为稳定现有顾客，发展与现有产品无关的新产品；
- 综合多角化战略，发展与企业现有产品和技术无关的新产品，吸引新顾客。

1.3.2 营销管理

市场营销就是企业用自己的价值不断满足客户需求的过程。营销管理是在市场预测与调研的基础上，识别客户的需求或尚未满足的需求，并通过产品研发、定价、促销、市场开拓等手段促进产品销售，达到提高企业竞争力的管理活动。

企业沙盘模拟经营过程中，通过模拟参与市场竞争，学生将学会如何分析市场、定位目标市场、制定营销战略，并有效实施销售计划，实现企业的战略目标。可以使用的营销分析方法如下。

▶ 1. 市场需求预测

市场需求预测是企业制定经营战略的基础，购置几条生产线，研发哪几种产品，投放多少广告费，筹集多少资金等，都要根据需求预测来制定。企业沙盘模拟经营中的需求预测以市场需求预测图为依据，预测图并不完全符合实际需求，但有很高的可信度。在企业沙盘模拟经营过程中必须能够读懂市场需求预测图。

▶ 2. 波士顿矩阵

波士顿矩阵认为决定产品结构的基本因素有两个：市场引力与企业实力。

市场引力包括销售增长率、目标市场容量、竞争对手强弱及利润高低等。其中，最主要的是反映市场引力的综合指标——销售增长率，这是决定企业产品结构是否合理的外在因素。

企业实力包括市场占有率、技术、设备、资金利用能力等。其中，市场占有率是决定企业产品结构的内在要素，它直接体现企业的竞争实力。销售增长率与市场占有率既相互影响，又互为条件：销售增长率高，市场占有率高，可以显示产品的良好发展前景，企业也具备相应的适应能力，实力较强；如果仅销售增长率高，而没有相应的高市场占有率，说明企业尚无足够实力，则该种产品也无法顺利发展；如果企业实力强，而产品销售增长率低，也预示了该产品的市场前景不佳。

销售增长率与市场占有率两个因素相互作用，会出现四种不同性质的产品类型，形成不同的产品发展前景：①明星类产品，即销售增长率和市场占有率"双高"的产品群；②瘦狗类产品，即销售增长率和市场占有率"双低"的产品群；③问号类产品，即销售增长率高、市场占有率低的产品群；④现金牛类产品，即销售增长率低、市场占有率高的产品群。根据企业产品所处的象限绘制波士顿矩阵，如图1.2所示。

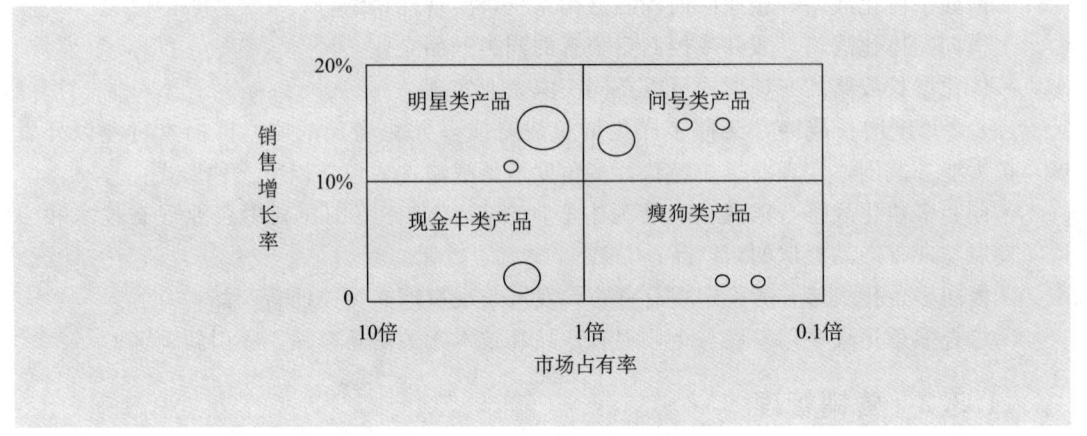

图 1.2　波士顿矩阵

利用波士顿矩阵，企业可以了解各类产品的竞争实力、发展前途，并检查产品组合是否合理。从长期来看，任何企业都必须始终拥有一些作为现金来源的现金牛类产品，同时，又必须有明星类产品来保持它们的发展。利用波士顿矩阵，企业战略规划人员可以经常审视企业所有产品的组合情况，从而为不同类型的产品制定不同的目标。例如，现金牛类产品应予以维持或进行收获，明星类产品及某些问号类产品应予以发展，部分瘦狗类产品干脆放弃，有些则可考虑持观望态度。

▶ 3. 广告策略

在企业沙盘模拟经营过程中，投放广告是每年经营工作的开始，而广告策略对于本年度的经营成果有着直接影响。投放广告的目的是获取订单，从理论上讲，投放的广告费越多，获得的订单数量也越多，但是企业的任何资源都是有限的，订单有限，资金有限，产能有限。因此，广告投放必须遵从的原则是以最低的广告费获取适合企业的订单。广告总额要根据竞争的激烈程度来确定，即根据竞争对手的多少和不同的经营年度来确定。竞争对手越多，广告总额越多；经营年度越往后，广告总额越多。除此之外，还必须考虑企业发展战略、现金状况、市场预测和竞争对手的战略等因素。广告总额确定后如何配置，哪个市场多投，哪个市场少投，一般可以采取的策略有以下两种。

1）集中策略

市场少、订单少，竞争激烈的情况下，投放广告要相对集中，不能太分散，否则可能得不到订单。集中策略包括市场集中和产品集中。市场集中就是把大部分广告费投入某一个市场，这样既可以拿到充足的订单，还有可能成为该市场的老大；产品集中是把大部分广告费集中在某个产品上，以获得该产品的竞争优势。当然，广告费越集中则风险越高，所以不能完全集中，要适当集中。

2）分散策略

市场订单增多之后，如果还用集中策略的话，可能拿不到充足的订单，此时，广告费的投放要分散。除了在主打产品上适当多投外，其他市场的产品可以少投。

▶ 4. 销售渠道的选择

销售渠道的选择要考虑产品因素、市场因素和企业本身的因素。

产品因素包括产品的单位价值、产品质量、款式与品种、政策法令等。

市场因素包括潜在客户数量、销售量大小、市场区域分布、消费习惯和时间、消费成本与销售量的关系等。

企业本身的因素包括信誉和资金实力、营销能力、控制渠道的愿望、中间商因素(如中间商的财务能力、仓储能力、经营管理能力等)。

1.3.3 生产运作管理

生产运作管理是指对企业提供产品或服务的系统进行设计、运作、评价和改进的管理活动。对于生产企业来说，生产运作管理是企业管理的一项重点工作，分为计划管理、业务执行和财务核算三个部分，其中，计划管理部分的主要内容有主生产计划、物料需求计划和粗/细能力计划；业务执行部分涉及面较大，不仅包括生产管理中的生产任务管理、委外加工管理和车间作业管理，还包括供应链中的销售管理、仓存管理和采购管理；财务核算部分是与企业经营管理中的各个环节紧密联系在一起的，涉及应收账款、应付账款、成本核算等管理模块。企业沙盘模拟经营中的生产运作管理包括采购管理、生产管理、质量管理，要求学生充分利用所学知识，使生产运作管理与战略管理、营销管理、财务管理的目标协同一致。生产运作管理中可以使用的方法如下。

▶ 1. 主生产计划

主生产计划(master production schedule，MPS)是确定每一个具体的最终产品在每一个具体时间段内生产数量的计划，用于说明在可用资源条件下，企业在一定时间内生产什么、生产多少、什么时间生产。主生产计划计算的需求来源有两个：产品预测和销售订单。产品预测是指企业为了满足市场和销售需要，根据企业的历史生产数据和市场、销售预测等资料，制订在未来一段时间内生产什么、生产多少、什么时候生产等的生产计划，它的主要作用在于指导生产部门进行生产准备和生产，或指导采购部门进行采购，相当于企业的周、月或季生产计划。销售订单是指企业与客户签订的在未来指定时间交付产品的契约。对于企业而言，必须在指定时间交货，否则要承担违约责任。所以，在制订主生产计划时，产品预测和销售订单是重要的计算毛需求的依据。

▶ 2. 物料需求计划

物料需求计划(material requirement planning，MRP)是指根据产品结构各层次物品的从属和数量关系，以每个物品为计划对象，以完工时期为时间基准倒排计划，按提前期长短区别各个物品下达计划时间的先后顺序。物料需求计划根据主生产计划确定有关的每一个库存项目的净需求和为满足这些净需求所需的库存储备。需求及库存数字是按时间分段的，不仅要指出数量，还要指出相应的时间。

物料需求计划主要处理以下问题：

(1) 生产什么、生产多少、何时生产；

(2) 要用到什么；

(3) 已有多少，包括已订货量、到货时间和已分配量；

(4) 还缺什么；

(5) 下达订单的开始日期。

物料需求计划需要以下信息：

(1) 现实、有效、可信的主生产计划；

(2) 准确的物料清单、及时的设计更改通知；

(3) 准确的库存信息，包括下达订单跟踪信息和配套领料单、提货单；

(4) 批量规则、安全库存、成品率；

(5) 提前期。

1.3.4 财务管理

现金流是企业的血液，而现金的主要来源是产品销售收入，若企业盈利能力强，则企业的资金就会不断增多，企业就能实现目标。大部分企业经营失败并不是由于亏损，而是由于资金周转不畅，导致不能及时偿还债务，无法购买原材料等生产物资，无法参与广告竞争。所以，必须及时对企业的盈利能力及财务状况进行分析，以提醒财务总监及时做好现金预算，控制企业财务风险。

▶ 1. 盈利能力分析

盈利能力就是企业赚取利润的能力。不论是股东、债权人还是企业的经营管理人员，都非常重视和关心企业的盈利能力。反映企业盈利能力的指标有很多，通常使用的有销售利润率、资产利润率、净资产收益率等。

1) 销售利润率

销售利润率是指净利润与销售收入的百分比。其计算公式为

$$销售利润率 = \frac{净利润}{销售收入} \times 100\%$$

销售利润率反映了每 1 元销售额所带来的净利润。

2) 资产利润率

资产利润率是企业净利润与平均资产总额的百分比，其计算公式为

$$资产利润率 = \frac{净利润}{平均资产总额} \times 100\%$$

资产利润率反映企业资产利用的综合效果，该指标越高，表明资产的利用效率越高，说明企业在增加收入和节约资金方面取得了良好的效果。资产利润率是一个综合指标，反映了债权人和股东投入两方面资产的收益情况。

3) 净资产收益率

净资产收益率是净利润与平均净资产的百分比，也叫净资产报酬率或权益报酬率，其计算公式为

$$净资产收益率 = \frac{净利润}{平均净资产} \times 100\%$$

净资产收益率反映公司所有者权益的投资报酬率。

▶ 2. 偿债能力分析

企业的偿债能力反映的是企业对长期借款、短期借款等债务在某一个时点所具有的还本付息的能力。企业沙盘模拟经营中涉及的债务有长期贷款、短期贷款、高利贷三种，合理地利用这三种借款方式的关键就是要选择合适的时间、合适的方式，而在此之前必须要进行偿债能力分析。为了充分与财务理论相结合，下面将从短期偿债能力和长期偿债能力两个方面来进行分析。

1) 短期偿债能力分析

企业沙盘模拟经营过程中，要关注短期贷款和高利贷两种短期负债的偿付能力分析。短期偿债能力在财务上是通过流动比率、速动比率和现金比率来反映的。

（1）流动比率是流动资产与流动负债的比值，其计算公式为

$$流动比率 = \frac{流动资产}{流动负债}$$

（2）速动比率是从流动资产中扣除存货部分的流动比率，其计算公式为

$$速动比率 = \frac{流动资产 - 存货}{流动负债}$$

通常情况下，正常的速动比率为1，低于1的速动比率往往被认为是短期偿债能力偏低。当然，不同行业的正常速动比率也是不同的，例如采用大量现金交易的商店，几乎没有应收账款，速动比率大大低于1也是很正常的。影响速动比率可信度的重要因素是应收账款的变现能力，即应收账款的账期长短和产生坏账的可能性。

（3）现金比率是企业现金类资产与流动负债的比值。现金类资产包括企业所拥有的货币性资金和持有的有价证券（资产负债表中的短期投资），它是速动资产扣除应收账款后的余额。现金比率的计算公式为

$$现金比率 = \frac{流动资产 - 存货 - 应收账款}{流动负债}$$

现金比率反映企业直接偿还流动负债的能力。

2) 长期偿债能力分析

长期偿债能力分析关注的是企业对长期债务的偿付能力。

长期偿债能力是通过资产负债率、产权比率和已获利息倍数来反映的。

（1）资产负债率是负债总额与资产总额的百分比，也就是负债总额与资产总额的比例关系。资产负债率反映总资产中有多大比例是通过借债来筹集的，也可以衡量企业在清算时保护债权人利益的程度，其计算公式为

$$资产负债率 = \frac{负债总额}{资产总额} \times 100\%$$

资产负债率反映债权人提供的资本占全部资本的比例。债权人关心的是贷款的安全，即到期能否按时收回本金和利息。而对于股东来说，通过借款，可以在较短的时间内扩大规模，只要其投资报酬率高于借款利息率，就可以获得超额回报，而如果实际的资本报酬率低于借款利息，则会侵蚀股东自己的利润。所以股东在进行借款的时候，一定要保持合理的资产负债率。

（2）产权比率是负债总额与股东权益总额的比值，也叫债务股权比率，其计算公式为

$$产权比率 = \frac{负债总额}{股东权益总额} \times 100\%$$

产权比率反映由债权人提供的资本与股东提供的资本的相对关系，反映企业的资本结构是否稳定。产权比率高，则属于高风险、高报酬的财务结构；产权比率低，则属于低风险、低报酬的财务结构。

（3）已获利息倍数指标是指企业息税前利润与利息费用的比值，用于衡量企业偿付借款利息的能力，也叫利息保障倍数。息税前利润是指损益表中未扣除利息费用和所得

税之前的利润,可以用税后利润加所得税再加利息费用计算得出。已获利息倍数的计算公式为

$$已获利息倍数 = \frac{息税前利润}{利息费用}$$

已获利息倍数指标反映企业息税前利润相对于所支付的债务利息的倍数。只要已获利息倍数足够大,企业就有充足的能力偿付利息。如何合理确定企业的已获利息倍数,在实际经营过程中,是将企业的这项指标与其他企业,特别是本行业的平均水平进行比较,来分析决定本企业的指标水平。

▶ 3. 营运能力分析

营运能力反映企业在资产管理方面效率的高低,这方面的财务指标有应收账款周转率、存货周转率、资产周转率等。

1) 应收账款周转率

应收账款周转率是反映应收账款周转速度的指标,也就是年度内应收账款转为现金的平均次数,反映应收账款流动的速度,其计算公式为

$$应收账款周转率 = \frac{销售收入}{(期初应收账款 + 期末应收账款)/2}$$

一般来讲,企业设置的应收账款周转率标准值为3。应收账款周转率越高,平均收现期越短,说明应收账款的回收越快。

2) 存货周转率

存货周转率是衡量和评价企业购入存货、投入生产、销售收回等各环节管理状况的综合性指标,是产品销售成本与平均存货的比值,其计算公式为

$$存货周转率 = \frac{产品销售成本}{(期初存货 + 期末存货)/2}$$

一般来讲,企业设置的存货周转率标准值为3。存货周转率越高,存货的占有水平越低,流动性越强,存货转化为现金、应收账款的速度越快。

3) 资产周转率

资产周转率是销售收入与平均资产总额的比值,其计算公式为

$$资产周转率 = \frac{销售收入}{(期初资产总额 + 期末资产总额)/2}$$

资产周转率反映资产总额的周转速度,资产周转率越高,说明销售能力越强。一般来讲,企业设置的资产周转率标准值为0.8。

▶ 4. 杜邦财务分析

财务管理是企业经营管理的核心之一,而如何实现股东财富最大化或公司价值最大化是财务管理的中心目标。任何一个公司的生存与发展都取决于该公司能否创造价值,公司的每一个成员都负有实现企业价值最大化的责任。为了向投资者(股东)揭示经营成果和提高经营管理水平,企业需要一套实用、有效的财务指标体系,以便据此评价和判断企业的经营绩效、经营风险、财务状况、获利能力和经营成果。杜邦财务分析体系就是一种比较实用的财务比率分析体系。这种分析方法最早由美国杜邦公司使用,故名杜邦分析法,如图1.3所示。

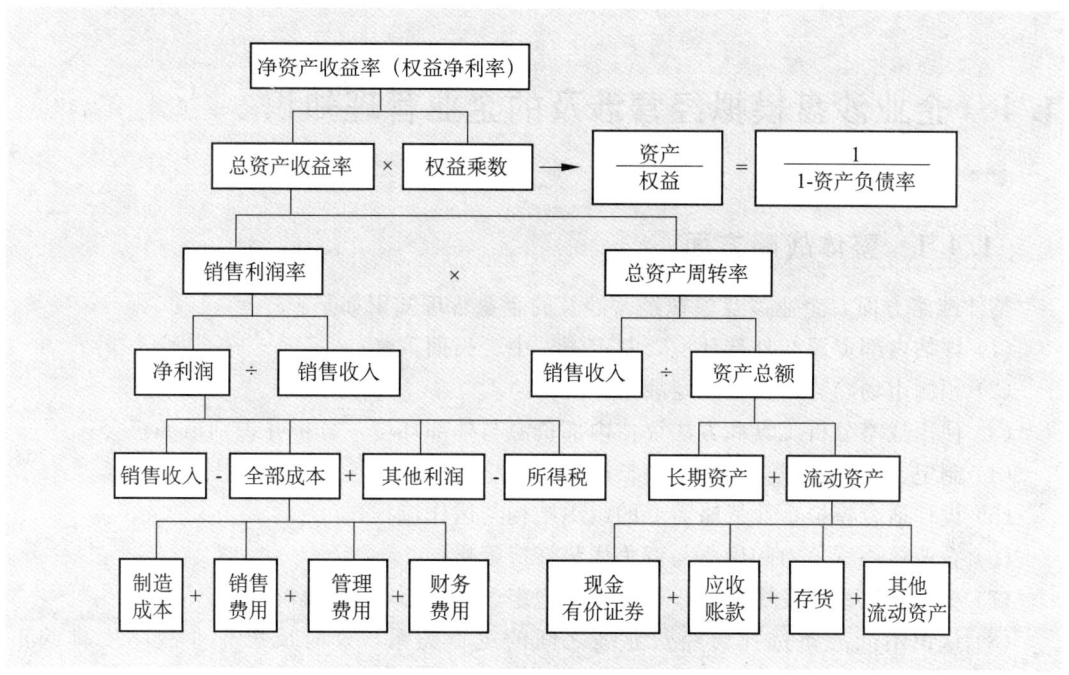

图 1.3 杜邦分析法图解

杜邦分析法利用几种主要的财务比率之间的关系来综合分析企业的财务状况，评价公司盈利能力和股东权益回报水平。它的基本思想是将企业净资产收益率逐级分解为多项财务比率乘积，这样有助于深入分析、比较企业经营业绩。由图1.3可知，净资产收益率是杜邦分析的核心指标，这是因为，任何一个投资人投资某一特定企业，其目的都在于希望该企业能给他带来更多的回报。因此，投资人最关心这个指标，同时，这个指标也是企业管理者制定各项财务决策的重要参考依据。通过杜邦分析，找出影响净资产收益率的三个因素：销售净利率、总资产周转率和权益乘数，在分析净资产收益率时，就应该从影响该指标的三个因素分析入手。

为了找出影响销售利润率及总资产周转率的原因，可将其分解为财务报表有关项目。由图1.3可以直观地了解销售利润率及总资产周转率与财务报表有关项目之间的关系，以及影响销售利润率和总资产周转率的因素。

同样的，也可对总资产收益率进行指标分解。总资产收益率低的原因可能在于销售利润率较低，也可能在于总资产周转率较低。如果属于前一种情况，则需要在开源节流方面挖掘潜力；如果属于后一种情况，则需要提高资产的利用效率，减少资金闲置，加速资金周转。

权益乘数反映企业的负债能力。权益乘数越高，说明企业资产总额中的大部分是通过负债形成，这样的企业将会面临较高的财务风险；权益乘数越低，说明企业的财务政策比较稳健，负债较少，风险也小，但获得超额收益的机会也不会很多。

杜邦分析既涉及企业获利能力方面的指标(如净资产收益率、销售利润率)，又涉及营运能力方面的指标(如总资产周转率)，同时还涉及举债能力指标(如权益乘数)，可以说杜邦分析法是一个三足鼎立的财务分析方法。

1.4 企业沙盘模拟经营涉及的企业管理知识

1.4.1 整体战略方面

整体战略方面，企业沙盘模拟经营涉及的企业管理知识如下：
(1) 评估内部资源与外部环境，制定短、中、长期策略；
(2) 预测市场趋势，调整既定战略；
(3) 使用战略分析工具和方法评估内部资源与外部环境，分析并识别市场机会；
(4) 制定、实施模拟企业的中、长期发展战略；
(5) 设计适合模拟企业战略需要的组织结构与运作流程；
(6) 企业核心竞争力的确立与竞争优势缔造策略；
(7) 根据模拟企业发展需要，合理运用稳定、增长与收缩战略；
(8) 认识不同战略选择与经营业绩之间的逻辑关系，及时反思企业战略安排的正确性；
(9) 树立为未来负责的发展观，体会经营短视的危害，从思想深处树立战略管理意识；
(10) 形成"预则立，不预则废"的管理理念。

1.4.2 产品研发方面

产品研发方面，企业沙盘模拟经营涉及的企业管理知识如下：
(1) 产品研发决策；
(2) 运用产品组合策略和产品开发策略规划产品线，为模拟企业谋求稳定的利润来源，根据产品生命周期的不同阶段制定相应的策略和规划；
(3) 制定适应性战略；
(4) 必要时做出修改研发计划，甚至中断项目的决定。

1.4.3 生产运作管理方面

生产运作管理方面，企业沙盘模拟经营涉及的企业管理知识如下：
(1) 采购订单的控制，以销定产、以产定购的管理思想；
(2) 选择获取生产能力的方式（购买或租赁）；
(3) 库存控制与减少库存的关系；
(4) 生产成本控制、生产线改造和建设的意义；
(5) 根据销售订单编制生产计划与采购计划，合理安排采购和生产；
(6) 设备更新与生产线改良；
(7) 全盘生产流程调度决策，匹配市场需求、交货期、数量及设备产能；
(8) 库存管理及产销配合；

(9) 必要时选择清偿生产能力的方式。

1.4.4 市场营销与销售方面

市场营销与销售方面，企业沙盘模拟经营涉及的企业管理知识如下：
(1) 市场开发决策；
(2) 新产品开发、产品组合与市场定位决策；
(3) 进行市场细分和市场定位，制定新市场进入战略；
(4) 使用竞争者辨识与分析技术；
(5) 策划战略进攻与防御；
(6) 运用营销组合策略谋求市场竞争优势；
(7) 市场中短兵相接的竞标过程；
(8) 刺探同行敌情，抢攻市场；
(9) 灵活运用领导者、追随者、补缺者战略；
(10) 建立并维护市场地位，必要时做出退出市场的决策；
(11) 通过应对市场环境的突变和竞争对手的市场攻势，培养快速应变能力和危机管理能力。

1.4.5 财务管理方面

财务管理方面，企业沙盘模拟经营涉及的企业管理知识如下：
(1) 融资、采购、生产等环节的成本控制；
(2) 洞悉资金短缺前兆，以最佳方式筹集资金；
(3) 资源配置，协调融资、销售、生产的匹配能力；
(4) 分析财务报表，掌握报表重点数据的含义；
(5) 运用财务指标进行内部诊断，协助管理决策；
(6) 以有限资金转亏为盈、创造高利润；
(7) 编制财务报表，结算投资报酬，评估决策效益；
(8) 运用财务分析方法指导模拟经营决策，调整经营策略；
(9) 制定财务预算、现金流控制策略；
(10) 高效益的融资管理；
(11) 制订投资计划，评估应收账款金额与回收期；
(12) 预估长、短期资金需求，寻求资金来源；
(13) 预算管理，在模拟经营中利用现金流预测，保证财务安全；
(14) 掌握资金来源与用途，妥善控制成本。

1.4.6 团队协作与沟通方面

团队协作与沟通方面，企业沙盘模拟经营涉及的企业管理知识如下：
(1) 通过模拟团队协作认识团队的实质；
(2) 在模拟经营中寻求提高团队效率的方法；
(3) 利用管理团队的自我调整，破解团队建设中的困惑；

(4) 体验沟通对团队的意义；

(5) 经过密集的团队沟通，充分体验交流式反馈的魅力，深刻认识建设积极向上的组织文化的重要性；

(6) 系统了解企业内部价值链的关系，认识增强全局意识的重要意义；

(7) 如何在立场不同的各部门间沟通协调；

(8) 跨部门沟通与协调，提高绩效，树立全局意识；

(9) 基于团队承诺，制订目标和行动计划，平衡资源，评价绩效；

(10) 统一不同部门人员的价值观与经营理念；

(11) 建立以整体利益为导向的组织。

1.4.7 决策管理方面

决策管理方面，企业沙盘模拟经营涉及的企业管理知识如下：

(1) 制订融资计划、产品开发计划、固定资产投资计划、原材料采购计划、生产计划和市场开拓计划；

(2) 演练每一个模拟经营环节的管理决策；

(3) 认清管理者对决策的误解；

(4) 解析理性决策程序；

(5) 验证以往形成的管理思想和方法，使自身存在的管理误区得以暴露，使管理理念得到梳理与更新；

(6) 总结模拟企业频繁发生的决策误区；

(7) 通过对模拟企业战略管理与经营决策的全方位、实质性参与，加深对企业经营的了解，提高现实管理的有效性；

(8) 群体决策的优势与劣势；

(9) 针对模拟计划的决策失误，认识惯性决策的危害；

(10) 洞察市场、理性决策的能力；

(11) 检验、调整经营决策。

1.4.8 产业链价值管理方面

产业链价值管理方面，企业沙盘模拟经营涉及的企业管理知识如下：

(1) 认识产业价值链的组成和意义；

(2) 运用产业链竞争原则进行产业链管理；

(3) 拓展管理视角，走出内窥式管理的误区，初步建立立足产业链价值分配原则，谋求有利于企业发展外部条件的管理思想；

(4) 验证产业链价值分配均衡论；

(5) 从价值链视角谋求竞争优势，提高管理绩效。

1.4.9 系统效率方面

系统效率方面，企业沙盘模拟经营涉及的企业管理知识如下：

(1) 体会管理与效率的关系；

(2) 分析业绩不良的模拟企业案例,寻找效率缺失的原因;
(3) 分析绩优的模拟企业战略安排和决策特点,认识系统效率的来源;
(4) 树立持续改进的管理思想,运用不同形式的管理改造方法改进组织管理绩效;
(5) 探索组织效率改进的路径。

1.5 实训要求与安排

1.5.1 实训的目的

企业沙盘模拟经营实训的目的如下:
(1) 了解企业的组织架构;
(2) 认清沙盘模拟与真实企业之间的关系;
(3) 熟练掌握竞赛规则;
(4) 了解企业各角色的任务和作用;
(5) 深刻认识你所担任角色的任务和作用;
(6) 按照企业运行流程,履行你所担负的职责;
(7) 加强团队协作,努力争取竞赛的胜利;
(8) 做好实训总结,获得最大的收获;
(9) 对于低年级学生,提高学习专业课的兴趣;
(10) 对于高年级学生,学会理论联系实际,学以致用。

1.5.2 实训方式

企业沙盘模拟经营实训的主要方式是将学生分成若干组,手工沙盘一般分为6组、8组或12组,电子沙盘可以根据需要分为6~12组,组成若干个企业的管理团队,利用沙盘模拟企业经营,进行竞赛对抗,每个学生在模拟企业中都将担任一定的角色,角色分工由各团队自行协商。

1.5.3 时间安排

第一阶段:实训动员和规则介绍。一般安排在周一上午,主要进行实训动员和介绍企业沙盘模拟经营的主要内容,使学生掌握竞赛规则和企业运行流程。

第二阶段:模拟企业经营竞赛。一般从周一下午开始到周四结束,在指导教师的监控下,学生按照竞赛规则进行企业沙盘模拟经营若干年(一般是6年)的企业经营竞赛。

第三阶段:实训总结与交流。一般安排在周五上午进行,由各模拟企业派代表做主旨发言,总结模拟企业经营的成败得失,指导教师做必要的点评与引导,允许并鼓励个别学生发言,谈谈感受和体会。

第四阶段:撰写实训报告和模拟企业内部总结。一般安排在周五下午进行,每个学生按照要求撰写实训报告,并进行模拟企业内部的总结。

以上为时间安排参考,具体以指导教师公布的时间为准。

1.5.4 实训要求

企业沙盘模拟经营实训要求如下:
(1) 每个学生都需参与所有的实训流程,并承担具体的工作职责;
(2) 实训前要认真学习本书的相关内容,明确实训目的、内容和相关要求,确保实训效果;
(3) 在实训过程中,要树立端正的实训态度,发扬良好的团队精神;
(4) 在实训过程中,要特别注意人身和财物的安全;
(5) 遵守国家法律法规,遵守实训纪律,遵守实训教室的相关规定,听从安排,保证按时出勤并完成相关任务;
(6) 做好实训记录,为撰写实训报告做好准备工作;
(7) 认真撰写个人实训报告或模拟企业实训报告,字数不少于3000字。
(8) 总结交流,包括模拟企业内部的总结交流和竞争企业之间的总结交流。

1.6 团队建设

企业沙盘模拟经营是融角色扮演、案例分析和专家诊断于一体,让参与者能够"互动学习,在过程中学习"的实训课程。该实训一般选择6个经营年度作为模拟期。在模拟经营之前,首先对学生进行分组。分组时应基于"均匀资源"的原则,防止个别小组力量太强大,以致其他小组中途就丧失竞争的信心。一般按照每班8个小组进行建制,如果情况特殊,可以考虑分为4~5个小组。各小组一般配置4~6人,具体视班级人数而定。

各小组需要进行角色分工。模拟企业中需要扮演的角色有总经理(CEO)、营销总监(CMO)、财务总监(CFO)、采购总监(CPO)、生产总监(COO)、人力资源总监(CHO)、商业间谍等。角色分工通常由各小组成员自行协商,如果人员充裕,还可设置财务助理、销售助理等。

分工完成之后,指导教师应向学生明确以下问题:
(1) 如果总经理工作不称职,经过小组讨论,可以集体决定将其罢免;
(2) 如果小组中某个角色工作不利,总经理可以随时将其撤换。

在模拟经营过程中,学生如置身于真实的企业,各自肩负不同的职能,支撑相对独立又互相联系的部门。各个角色在完成自身岗位工作的同时,还要保证相互之间的信息通畅,及时沟通与协作。

1.6.1 总经理的职责

▶ 1. 总经理的一般职责

总经理的一般职责如下:
(1) 组织实施公司年度经营计划和投资方案;

(2) 主持公司的日常生产经营管理，组织实施并反馈董事会决议；

(3) 拟订、调整或撤销公司内部管理机构的具体方案；

(4) 拟订公司的基本管理制度和具体规章；

(5) 聘任或解聘除应由董事会聘任或解聘以外的管理人员和工作人员；

(6) 依有关规章制度决定对公司员工的奖惩、升级、加薪及辞退；

(7) 在职责范围内，对外代表公司处理业务。

▶ 2. 企业沙盘模拟经营实训中总经理的职责

企业沙盘模拟经营实训是从现实企业中抽象出来的理想化、具体化和简单化的模拟经营，其岗位职责与《公司法》规定的岗位职责不尽相同。总经理是总顾问（指导教师）和团队内其他人员的联络员，是团队各项工作的组织者和领导者。

(1) 对于团队建设，总经理需要知人善任，选择能够胜任相关岗位的专业人才，建立目标明确、相互信任、相互支持、技能互补的高效团队。在整个运营过程中，应能及时纠正团队内的错误，压力大时缓解气氛，必要时发起"建设性"的争吵。团队团结的关键就在于总经理的组织能力和沟通能力。

(2) 总经理要召集各岗位人员，共同出谋划策、制定企业发展战略、选择执行方案、分配运营任务，并组织实施。例如，总经理并不具体负责某个职能部门的运营，但他又完全参与各部门的运营工作。他与营销总监合作，分析市场，在不同的市场安排不同的产品组合，制定不同的广告策略；与财务总监共同制定企业的长、短期贷款策略；同时，还需要与生产总监、采购总监一起，共同保证企业的正常生产，给市场和财务提供更多的灵活性。当然，企业沙盘模拟经营实训是脑力和体力的对抗，总经理的职责远不止这些，在紧要关头，总经理还要充当救火队员，还要与对手、裁判沟通，还要起监督管理的作用，等等。总之，总经理的工作要能有效提高团队的绩效。

此外，总经理还起到观察其他组的作用，为本组赢得最有利的竞争环境。总之，总经理是企业团队的建立者和激励者，是企业整体发展战略的制定者，是企业资产投资的决策者，是企业生产经营的设计者，是企业其他职能部门决策的制定者和参与者。

1.6.2 财务总监的职责

▶ 1. 财务总监的一般职责

财务总监的一般职责如下：

(1) 在董事会和总经理领导下，总管公司预算、会计、报表工作；

(2) 负责制订公司利润计划、资本投资、财务规划、销售前景、开支预算或成本标准；

(3) 制订和管理税收政策方案及程序；

(4) 建立健全公司内部核算的组织管理体系和数据管理体系，以及制定财务管理的规章制度；

(5) 组织公司有关部门开展经济活动分析，组织编制公司财务计划、成本计划，努力降低成本、增收节支、提高效益；

(6) 监督公司遵守国家财经法令、纪律以及董事会决议。

▶ 2. 企业沙盘模拟经营实训中财务总监的职责

财务是企业的命脉，所有者权益为负的企业将被迫宣布破产，现金流中断的企业则直接退出比赛，所以，财务总监的首要任务就是实现对所有者权益的控制和保证现金流的正常运转。

(1) 财务总监要参与企业总体发展战略的制定，并依据这一发展战略，估计各年及各经营时期现金总量的需求，制定相应长、短期贷款方案。

(2) 对各年的财务进行全面预算，保证现金流的通畅，并实现对成本的全面控制，以降低企业的经营风险和经营成本。

(3) 进行现金流经营流程的登记工作。

(4) 填制五大表——订单明细表、品种明细表、综合费用表、资产负债表和利润表。

企业的经营发展和日常生产都是以财务状况允许为前提的，因此对于财务总监来说，资产负债表和利润表等的填制并不困难，困难的是对资金的预算和控制。例如，每年的实际销售额是不确定的，甚至会与预算有很大差异，这就要求财务总监在预算时要充分考虑各种情况，并根据具体情况及时调整资金的使用。企业沙盘模拟经营实训中，绝大多数企业都是负债经营，长期贷款和短期贷款各有利弊，贷款时期不同对现金流的影响也不相同。利息支出将直接导致企业利润减少，从而影响权益，而权益又决定下一年贷款额度。每一财年选完订单，财务总监就应准确制作出资产负债表，并结合生产情况设计交货时间，从而编制现金流量表，进而确定是否进行贷款，以及贷款额度和形式。此外，为了有更好的财务状况，财务总监会就生产线和厂房的投资、市场开拓、产品研发和ISO认证等情况与相应负责人协商，参与战略管理。

1.6.3 营销总监的职责

▶ 1. 营销总监的一般职责

营销总监的一般职责如下：
(1) 完成公司年度营销目标以及其他任务；
(2) 有独立的销售渠道，具有良好的市场拓展能力；
(3) 负责销售部门内部的管理及建设；
(4) 进行市场调查并寻找新的市场机会；
(5) 制订新项目市场推广方案；
(6) 成熟项目的营销组织管理、协调管理和销售绩效管理；
(7) 销售队伍的建设与培养等。

▶ 2. 企业沙盘模拟经营实训中营销总监的职责

企业的利润来自"开源"和"节流"两个方面。成本控制的作用在于"节流"，而营销总监的作用就是"开源"。如果没有实现企业的销售，没有"开源"，就算成本控制为零也没有利润来源。营销总监必须做好各市场总需求及产品价格走势的分析、研究，估计企业各年的销售量，据此参与制定企业的总战略，包括与市场需求相应且与企业能力相应的投资策略，从而制定企业的销售策略。此外，营销总监还需依据企业的销售目标、市场的供给状况，做出相应的广告策略及市场订单的选择策略；制定企业市场开拓和ISO认证等无形资产的投资方案；按既定的计划交货，及时收款或者填写应收账款单据，向财务总监申请支付与市场相关的现金支出等。

1.6.4　生产总监的职责

▶ 1. 生产总监的一般职责

生产总监的一般职责如下：
(1) 保证安全生产投入的有效实施；
(2) 督促、检查安全生产工作，及时消除生产安全事故隐患；
(3) 建立、健全安全生产责任制；
(4) 组织制定安全生产规章制度和操作规程；
(5) 组织制定并实施生产安全事故应急救援预案；
(6) 及时、如实报告生产安全事故。

▶ 2. 企业沙盘模拟经营实训中生产总监的职责

企业沙盘模拟经营实训中，生产总监的工作直接体现在与其他队员的配合中。生产总监必须按照企业的战略规划，安排产能大、效率高的生产线来生产企业决策中的主打产品，同时还要使生产线的建设与产品研发同步，合理安排生产线，尽量减少维修费和折旧费。柔性生产线无疑是对采购总监计算能力的考验，生产总监需要协助采购总监计算原材料采购数据。同时，生产总监要结合原材料的库存、在途情况和生产线结构分析下一财年的产出情况，向营销总监提供准确的产能数据，以便选择订单，并向财务总监提供生产所需原材料采购费用、加工费、维修费、折旧费等数据，为财务预算做准备。

1.6.5　采购总监的职责

▶ 1. 采购总监的一般职责

采购总监的一般职责如下：
(1) 在上级领导授权下，负责采购部门的各项工作；
(2) 遵循公司总体经营策略，领导采购部门完成公司的业绩要求；
(3) 给予采购人员相应的培训；
(4) 与其他地区公司密切沟通与配合。

▶ 2. 企业沙盘模拟经营实训中采购总监的职责

采购总监是团队中除财务总监之外计算量最大的人，根据生产线的情况计算原材料的采购需求是其主要职责。由于存在柔性生产线，采购总监往往要有几套采购方案，同时，原材料的库存状况也会影响生产总监对生产线的安排。在紧要关头，企业可能会靠贴现来购买原材料，这时，采购总监、生产总监、营销总监及财务总监就要发挥协作精神，在生产线允许的前提下，花最少的成本生产出市场上利润最高的产品。

1.7　规则学习

在介绍企业沙盘模拟经营实训规则之前，首先说明以下三点：

（1）在经营模拟企业的过程中，为运行方便，将内外部环境简化为一系列规则，因此与实际情况有一定差别，不可在规则上较真；

（2）要有争强好胜的斗志，虽然是模拟经营，但不可简单地将其当成游戏，要有"假戏真做"将其当作真实企业来经营的态度；

（3）要正确对待自己的角色，每个角色都有其他角色不可替代的作用，因此每个角色都是重要的，都值得重视和珍惜，都应该用心做好。

下面详细介绍企业沙盘模拟经营实训的规则。

1.7.1 融资

融资方式如表 1.3 所示。

表 1.3 融资方式

贷款类型	贷款时间	贷款额度	年利息	还款方式
长期贷款	每年年初	所有长、短期贷款之和不能超过上年权益的3倍	10%（四舍五入）	年初付息，到期还本
短期贷款	每季度初	所有长、短期贷款之和不能超过上年权益的3倍	5%（四舍五入）	到期一次还本付息
资金贴现	任何时间	视应收款额而定	10%（1季、2季），12.5%（3季、4季）	1季、2季可联合贴现；3季、4季可联合贴现
库存拍卖	任何时间	原材料八折出售，产成品按成本价出售		

▶ 1. 长期贷款和短期贷款信用额度

长期贷款和短期贷款的总额度（包括已借但未到还款期的贷款）为上年权益的 3 倍，长期贷款、短期贷款必须为大于等于 10M（M 为企业沙盘模拟经营中现金币的单位）的整数。例如，第一年所有者权益为 38M，第一年已借 4 年期长期贷款 50M 且未申请短期贷款，则第二年可贷款总额度＝38×3－50＝64(M)。

▶ 2. 贷款规则

（1）长期贷款每年必须支付利息，到期归还本金。长期贷款最多可贷 5 年。

（2）结束年时，不要求归还没有到期的各类贷款。

（3）短期贷款年限为 1 年，如果某季度有短期贷款需要归还，且同时还拥有贷款额度时，必须先归还到期的短期贷款，才能申请新的短期贷款。

（4）所有贷款都不允许提前还款。

（5）企业间不允许私自融资，只允许企业向银行贷款，视具体情况银行可提供高利贷。

（6）贷款利息计算时四舍五入。例如，短期贷款 30M，则利息＝30M×5%＝1.5M，四舍五入，实际支付利息为 2M。

（7）长期贷款利息是根据长期贷款的贷款总额乘以利率计算。例如，第一年申请 50M 长期贷款，第二年申请 20M 长期贷款，则第三年所需要支付的长期贷款利息＝(50＋20)×10%＝7(M)，四舍五入，实际支付利息为 7M。

▶ 3. 出售库存规则

(1) 原材料八折出售。

(2) 出售产成品按产品的成本价计算。

1.7.2 厂房

厂房设置如表 1.4 所示。

表 1.4　厂　房　设　置

厂　　房	买价/M	租金/M	售价/M	容　　量
大厂房	400	50	400(4Q)	6 条生产线
小厂房	300	30	300(4Q)	4 条生产线

(1) 租用或购买厂房可以在任何季度进行。如果决定租用厂房或者厂房买转租，租金在开始租用的季度交付，即从现金处取等量钱币，放在租金费用处。一年租期到期时，如果决定续租，需重复以上操作。

(2) 厂房租入后，一年后可进行租转买、退租等处理。例如，第一年第一季度租厂房，则以后每一年的第一季度末，"厂房处理"均可"租转买"，如果到期没有选择"租转买"，系统自动做续租处理，租金在"当季结束"时与"行政管理费"一并扣除。

(3) 要新建或租赁生产线，必须租用或购买厂房，没有租用或购买厂房不能新建或租赁生产线。

(4) 如果厂房中没有生产线，可以选择厂房退租。

(5) 厂房出售得到 4 个账期的应收款，紧急情况下可进行厂房贴现(4 季贴现)，直接得到现金，如果厂房中有生产线，同时要扣租金。

(6) 厂房使用可以任意组合，但总数不能超过 4 个。例如，可以租 4 个小厂房买 4 个大厂房或租 1 个大厂房买 3 个小厂房。

1.7.3 生产线

生产线的种类如表 1.5 所示。

表 1.5　生产线的种类

生　产　线	购置费/M	安装周期/Q	生产周期/Q	总转产费/M	转产周期/Q	维修费/(M/年)	残值/M
手工线	50	无	3	0	无	10	10
半自动线	100	2	2	1	1	10	20
自动线	150	3	1	2	1	10	30
柔性线	200	4	1	0	无	10	40

(1) 新建生产线，需先选择厂房，然后选择生产线的类型，特别要确定生产产品的类型(产品标识必须摆上)。生产产品一经确定，本生产线所生产的产品便不能更换，如需更换，可在建成后进行转产处理。

（2）每次操作可建一条生产线，同一季度可重复操作多次，直至生产线位置全部铺满。半自动线、自动线和柔性线待最后一期投资到位后，必须到下一季度才算安装完成，允许投入使用。手工线当季购入当季即可使用。

（3）新建生产线一经确认，即刻进入第一期在建，当季便自动扣除现金。

（4）不论何时出售生产线，从生产线净值中取出相当于残值的部分计入现金，净值与残值之差计入损失。

（5）只有空的并且已经建成的生产线方可转产。

（6）当年建成的生产线、转产中生产线都要交维修费；已出售的生产线和新购正在安装的生产线不交维护费。

（7）生产线不允许在不同厂房移动。

（8）生产线折旧采用平均年限法进行折旧，如表1.6所示。

表1.6　生产线折旧　　　　　　　　　　　　　　　　　单位：M

生　产　线	购置费	残值	建成第一年折旧值	建成第二年折旧值	建成第三年折旧值	建成第四年折旧值	建成第五年折旧值
手工线	50	10	0	10	10	10	10
半自动线	100	20	0	20	20	20	20
自动线	150	30	0	30	30	30	30
柔性线	200	40	0	40	40	40	40

当年建成生产线当年不提折旧，净值等于残值时生产线不再计提折旧，但可以继续使用。

1.7.4　产品研发

要想生产某种产品，首先要获得该产品的生产许可证。而要获得生产许可证，则必须经过产品研发。产品P1、P2、P3、P4都需要研发后才能获得生产许可。研发需要分期投入研发费用，如表1.7所示。

表1.7　产品研发情况

产　品　名　称	开发费用/(M/Q)	开发总额/M	开发周期/Q	加工费/M	直接成本/M	产　品　组　成
P1	10	20	2	10	2	R1
P2	10	30	3	10	3	R2、R3
P3	10	40	4	10	4	R1、R3、R4
P4	10	50	5	10	5	R2、R3、R4、R4

（1）产品研发可以中断或终止，但不允许超前或集中投入。

（2）已投资的研发费不能回收。

（3）如果开发没有完成，"系统"不允许开工生产。

1.7.5　ISO 资格认证

ISO 资格认证产品开发情况如表 1.8 所示。

表 1.8　ISO 资格认证产品开发情况

ISO 类型	每年研发费用/M	年限/年	全部研发费用/M
ISO9000	10	2	20
ISO14000	10	2	40

(1) 无须交维护费，如果中途停止使用也可继续拥有资格并在以后年份使用。
(2) ISO 认证只有在第四季度末才可以操作。

1.7.6　市场开拓

市场开拓情况如表 1.9 所示。

表 1.9　市场开拓情况

市　　场	每年开拓费/M	开拓年限/年	全部开拓费用/M
本地	10	1	10
区域	10	1	10
国内	10	2	20
亚洲	10	3	30
国际	10	4	40

(1) 无须交维护费，如果中途停止使用也可继续拥有资格并在以后年份使用。
(2) 市场开拓只有在第四季度才可以操作。
(3) 投资中断，已投入的资金依然有效。

1.7.7　原材料

原材料情况如表 1.10 所示。

表 1-10　原材料情况

名　　称	购买价格/(M/个)	提前期/季度
R1	10	1
R2	10	1
R3	10	2
R4	10	2

(1) 没有下订单的原材料不能采购入库。

(2) 所有预订的原材料到期必须全额现金购买。

(3) 紧急采购时，原料是直接成本的 2 倍，即 20M/个。在利润表中，直接成本仍然按照标准成本记录，紧急采购多付出的成本计入综合费用表中的"损失"。

1.7.8 选单规则

(1) 在一个回合中，每投放 5M 广告费理论上将获得 1 次选单机会，此后每增加 10M 广告费理论上多 1 次选单机会。例如，本地 P1 投入 30M 广告费表示最多有 2 次选单机会，但是能否选到 2 次取决于市场需求及竞争态势。如果广告费投放小于 5M 则无选单机会，但仍扣除广告费，仅对计算市场广告额有效。

(2) 投放广告只有裁判宣布的最晚时间，没有最早时间，也就是说，系统里当年经营结束后即可马上投放下一年的广告。

(3) 选单时，首先按照当年本市场、本产品广告额由高到低的顺序依次选单；如果两队本市场、本产品广告额相同，则按照本市场广告投放总额的大小依次选单；如果本市场广告总额也相同，则按照上年本市场销售排名；如仍无法决定，先投广告者先选单。第一年无订单。

(4) 选单时，可以两个市场同时开单，各队需要同时关注两个市场的选单进展，其中一个市场先结束，则第三个市场立即开单，即任何时候都会有两个市场同时开单，除非最后只剩下一个市场选单未结束。例如，某年有本地、区域、国内、亚洲四个市场有选单，则系统将在本地、区域同时放单，各市场按 P1、P2、P3、P4 顺序独立放单，若本地市场选单结束，则国内市场立即开单，此时区域、国内两市场保持同开；紧接着区域结束选单，则亚洲市场立即放单，即国内、亚洲两市场同开。

(5) 选单时，各队需要单击相应的市场按钮（如"国内"按钮），某一市场选单结束，系统不会自动跳到其他市场。选单时还需注意以下几点：

· 出现确认提示对话框之后，要在倒计时大于 5 秒时按下"确认"按钮，否则可能造成选单无效；

· 在某细分市场（如本地 P1）有多次选单机会，只要放弃一次，则视同放弃该细分市场所有选单机会；

· 有无市场老大由指导教师决定；

· 选择相应的订单，单击"选中"按钮，系统将提示是否确认选中该订单；

· 单击"确认"按钮，系统会提示成功获得订单。

1.7.9 竞单会

在第四年和第六年订货会后，召开竞单会，系统一次性放 3 张订单同时竞单。
参与竞标的订单标明了订单编号、市场、产品、数量、ISO 要求等，而总价、交货期、账期三项为空。竞标订单的相关要求如下。

▶ 1. 投标资质

参与投标的公司需要有相应市场、ISO 认证的资质，但不必有生产资格。
中标的公司需为该订单支付 1M 标书费，计入广告费。
如果（已竞得单数＋本次同时竞单数）×1＞现金余额，则不能再竞，即必须有一定现金库存作为保证金。如同时竞 3 张订单,库存现金为 5M,已经竞得 3 张订单,扣除 3M 标书费,还剩余 2M 库存现金,则不能继续参与竞单。

为防止恶意竞单,系统对竞得单数进行限制,即某队已竞得单数＞ROUND(3×该年竞单总数/参赛队数),则不能继续竞单。其中,ROUND 表示四舍五入;参赛队数指经营中的队伍,破产退出经营则不算其内。

▶ 2. 投标

参与投标的公司须根据所投标的订单,在系统规定时间(90 秒,以倒计时形式显示)内填写总价、交货期、账期三项内容,确认后由系统按照以下规则计分:

得分＝100＋(5－交货期)×2＋应收账期－8×总价/(该产品直接成本×数量)

得分最高者中标。如果得分相同,则先提交者中标。

投标时需注意以下三点:

(1) 总价不能低于(可以等于)成本价,也不能高于(可以等于)成本价的 3 倍;
(2) 必须为竞单留足时间,如在倒计时小于等于 5 秒后再提交,则订单可能无效;
(3) 竞得订单与选中订单一样,计算市场销售额。

1.7.10 订单违约

订单必须在规定季或提前交货,应收账期从交货季开始算起。应收账款收回由系统自动完成,不需要自行填写收回金额。

1.7.11 取整规则

各项费用均精确到个位整数,其中,违约金库存拍卖所得现金、扣税,以及长期贷款和短期贷款利息均四舍五入,精确到个位整数;贴现费用为向上取整,精确到个位整数。

1.7.12 关于违约

所有订单要求在本年度内完成,按照订单上的产品数量和交货期交货。如果订单没有完成,则视为违约订单,按下列条款加以处罚。

(1) 分别按违约订单销售总额的 20% 计算违约金,并在当年第四季度结束后扣除,违约金计入"损失"。例如,某组违约了两张订单,如表 1.11 所示。

表 1.11 订单违约

单号	市场	产品	数量	总价	状态	得单年份	交货期	账期	ISO	交货期
10001	本地	P2	2	15	违约	第二年	3 季	0 季	—	
10021	本地	P1	2	16	违约	第二年	3 季	1 季		

则缴纳的违约金分别为 15×20%＝3(M) 和 16×20%＝3.2＝3(M),合计 6M。

(2) 违约订单一律收回。

1.7.13 系统重要参数

系统重要参数的设置如表 1.12 所示。

表 1.12 系统重要参数

参 数 名 称	参 数 值	参 数 名 称	参 数 值
最小得单广告额	5M	拍卖会同拍数量	3个
竞拍会竞单时间	90秒	初始现金(股东资本)	600M
贴现(1,2期)	10%	贴现率(3,4期)	12.5%
紧急采购倍数(原料)	2倍	紧急采购倍数(产品)	3倍
所得税税率	25%	信息费	10M
库存折价率(原料)	80%	库存折价(产品)	100%
贷款额倍数	3倍	长期贷款利率	10%
最大长贷年限	5年	管理费	10M
订单首选补时	15秒	是否存在市场老大	无、有
市场同开数量	2个	订货会选单时间	50秒
违约扣款百分比	20%	短期贷款利率	5%
厂房数	4个		

系统参数设置需注意以下几点：

（1）指导教师可自行设置各项参数值；

（2）每个市场的每种产品选单时，第一个队选单时间为65秒，自第二个队起，选单时间设为50秒；

（3）初始资金为600M；

（4）信息费10M/次/队，即交10M可以查看一队企业信息，被间谍企业详细信息以Excel表格的形式发送给交费企业。

（5）竞单会时无法使用间谍。

1.7.14 经营排名

6年经营结束后，将根据各队的总成绩进行排名，分数高者排名在前。

$$总成绩 = 所有者权益 \times \left(1 + \frac{企业综合发展潜力}{100}\right) - 罚分$$

（1）如有若干队分数相同，则按照各队第六年经营结束后的最终权益排名，权益高者排名在前；若权益仍相等，则按照第六年经营结束时间排名，先结束者排名在前。

（2）生产线建成即加分（该年年末缴纳维修费的生产线才算建成），不需要生产出产品，也不需要有在制品。

1.7.15 罚分细则

▶ 1. 运行超时扣分

运行超时有两种情况：一是不能在规定时间完成广告投放（可提前投广告）；二是不能在规定时间完成当年经营（以单击系统中"当年结束"按钮并确认为准）。

如果运行超时,按总分 50 分/分钟(不满 1 分钟按 1 分钟计算)计算罚分,最多不能超过 10 分钟。如果到 10 分钟后还不能完成相应的运行,将取消其继续经营的资格。

▶ 2. 报表错误扣分

必须按规定时间在系统中填制资产负债表,如果上交的报表与系统自动生成的报表对照有误,在总得分中扣罚 150 分/次,并以系统提供的报表为准修订。

按照指导教师对上交报表时间所做的规定,延误交报表即视为错误一次,即使后来在系统中填制正确也要扣分。由运行超时引发延误交报表视同报表错误并扣分,即如果某队超时 4 分钟,则将被扣除 350(50×4+150)分。

1.7.16 破产处理

当企业权益为负(指当年结束,系统生成资产负债表时为负)或现金流中断时(权益和现金可以为零),企业破产。

第2章 实战篇

2.1 沙盘盘面介绍

新道沙盘全貌如图2.1所示，在此沙盘图中进行物理沙盘的推演学习。

整个盘面划分为几个区域，分别代表企业的主要生产经营活动中心，包括财务中心、营销与规划中心、生产中心、物流中心等，如图2.2所示。

2.1.1 财务中心

财务中心主要负责企业的财务管理，包括制订投资计划、评估应收账款、制订资金需求计划、掌握资金来源与用途、控制生产和营销成本、编制财务报表并进行财务分析、根据财务状况协助总经理进行管理决策。在盘面上表现为不得出现现金流枯竭，同时控制成本。

财务中心的主要功能包括：①以企业战略目标为基础，利用最佳方式筹集企业所需的资金，实现资金筹集的合理化；②根据企业发展战略的需要，合理并有效地分配和调度资金；③在经营过程中，利用适当的财务计划和控制方法，配合各个职能部门，充分有效地利用各种资金，加速资金周转，追求资金运用的效率；④制订和实施财务战略计划，确定长期和短期财务目标，力求实现资金收益的最大化。

在新道沙盘中，财务中心由应收款、应付款（一般不涉及）、现金，贷款，账务费用和综合管理费用四部分组成，如图2.3所示。

▶ 1. 现金

现金代表公司持有的现金，每一个现金币代表100万，记为1M，如图2.4所示。现金币放在图2.3中"现金"位置，用于公司日常运作。此处只能放置由应收账款、贷款和贴现得到的现金，以及通过销售订单得到的现金收入。

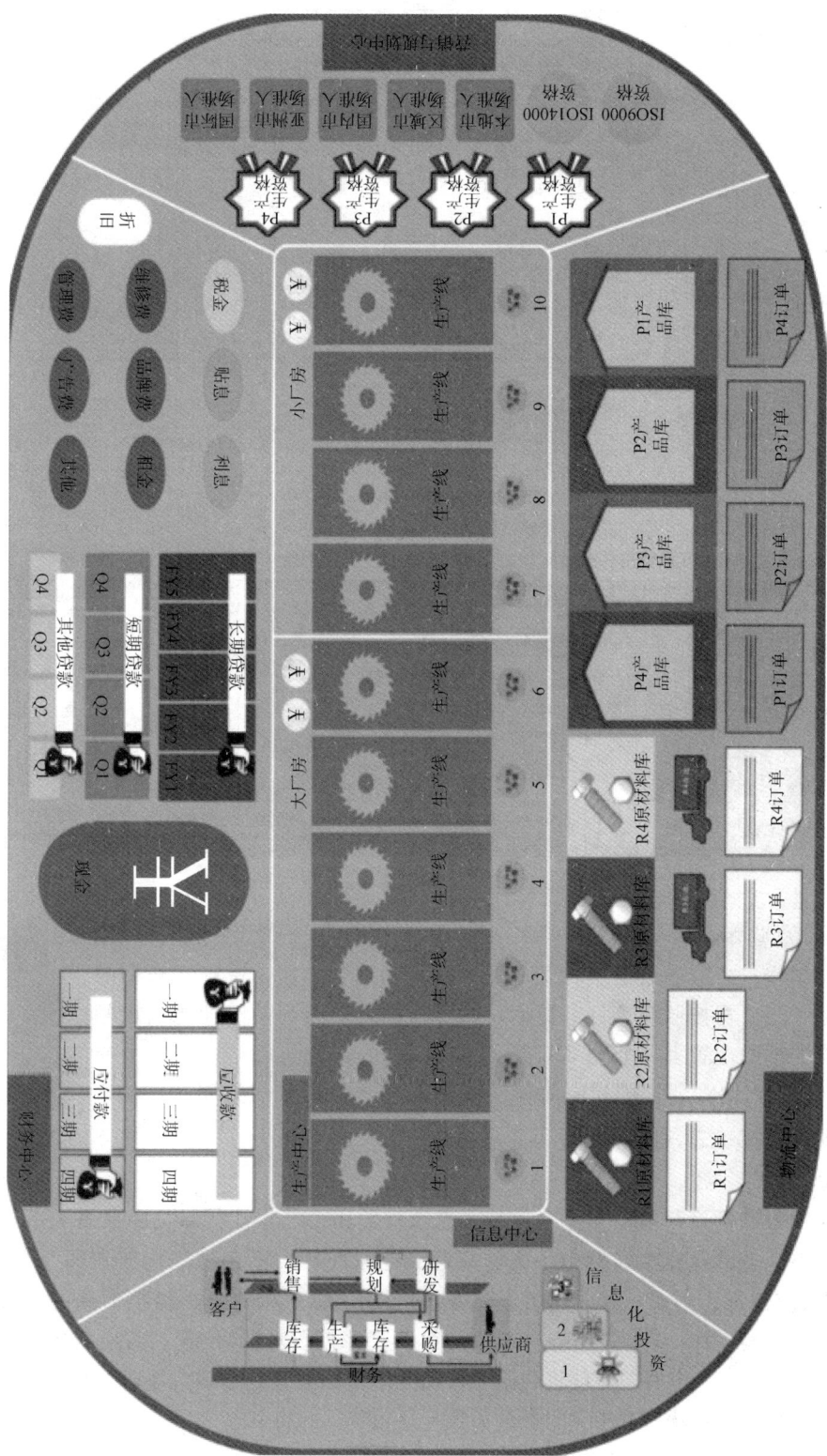

图 2.1 沙盘全貌

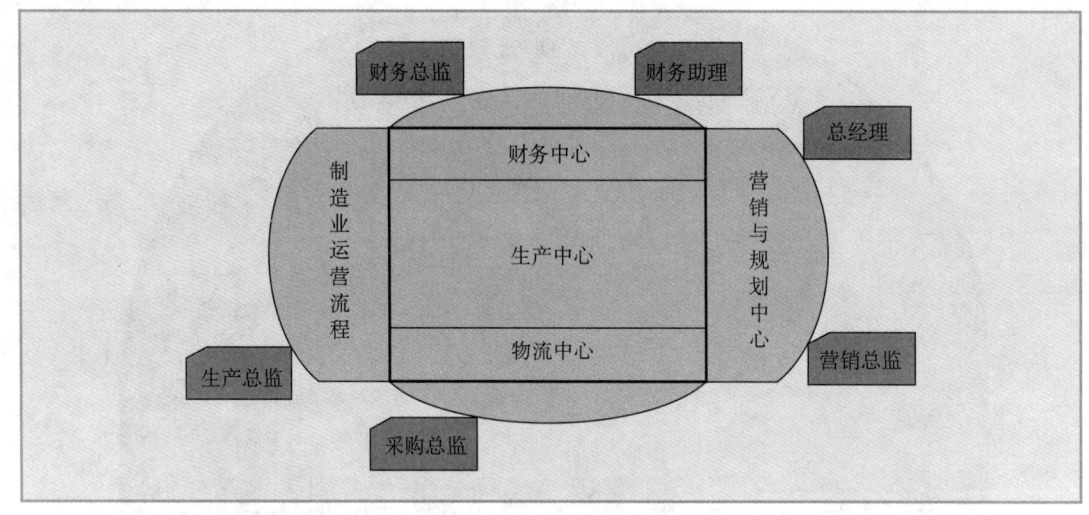

图 2.2 沙盘业务中心划分

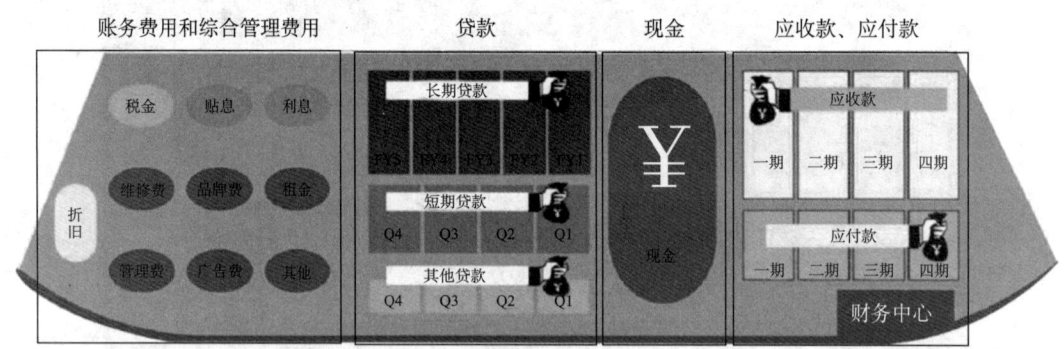

图 2.3 财务中心

▶ 2. 应收账款

公司销售出去的产品很多时候不是立刻得到现金,而是有一定账期的应收账款,当公司按照销售订单交货时,要根据订单上面的账期将销售额放在相应账期的位置上,如图 2.3 所示"应收款"处,公司每运营完一个周期(1 个季度),就将应收账款向前移动一个账期,等到账期为零时,就拿着应收账款登记单去领取现金。

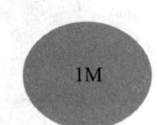

图 2.4 现金币

▶ 3. 短贷

短贷的最高额度与本公司上一年的所有者权益相关,累计贷款之和最多为所有者权益的 3 倍。在企业沙盘模拟经营中,此项只起到记录作用,不必把现金放在图 2.3 所示"短期贷款"相应位置。例如,某公司借了 20M 的短期贷款,则财务总监把借来的钱放到现金的位置,然后写一张 20M 的纸条放在短贷第四个账期(Q4)的位置,与应收账款的操作一样,公司每运营完一个周期,就将此向前移动一个账期,直到账期为零时,也就是该还短贷和利息时,财务总监就拿着相应的现金去银行还短贷,并将利息费用放在盘面相应位置。

▶ 4. 长贷

长贷的最高额度也与本公司上一年的所有者权益相关,累计贷款之和最多为所有者权益的 3 倍。与短贷相同，长贷也只起到记录的作用，操作方法也一样，唯一不同的是每一格代表的是 1 年，而不是 1 个季度，因此纸条的位置是每过一年才移动一次。

▶ 5. 高利贷

高利贷也是一种融资方式(大多数比赛时不使用这种融资方式)，一般不采用，因为融资成本非常高，只有公司现金短缺且贷款额度已满又没有应收账款可以贴现时，公司才会考虑采用此种方式融资。与短期贷款不同的是，高利贷在每季度的任何时间都可以贷和还，而短期贷款必须在每季度固定的某个时间贷和还，其他操作两者均相同。

▶ 6. 广告费

公司为了得到更多的销售，都会为本公司的产品投放广告做宣传，这时应把当年投放的广告费放在图 2.3 所示"广告费"位置处。

▶ 7. 折旧

每年年末，公司都要按照会计准则，为生产线计提折旧，将计提的折旧放在图 2.3 所示"折旧"位置处(注意：折旧费是从设备净值中提取)。

▶ 8. 利息

利息主要包括每年应偿还的长贷和短贷的利息，如果有高利贷，还应包括高利贷利息，将每期利息放在图 2.3 所示"利息"位置处。

▶ 9. 管理费

每年年末，公司要缴纳的行政管理费都放在图 2.3 所示"管理费"位置处。

▶ 10. 维护费

只要建设完成的生产线都需要维护费，产生的费用放在图 2.3 所示"维修费"位置处。

▶ 11. 贴息

当公司为了获得现金将应收账款贴现时，需要缴纳相应的贴现费，此项费用放在图 2.3 所示"贴息"位置处。

▶ 12. 其他

公司由于特殊情况产生费用(即损失)时，则放在图 2.3 所示"其他"费用的位置。例如，公司想变卖旧的生产线，且该生产线的净值大于残值时，公司应将残值放到"现金"的位置，将超过残值的部分作为其他费用(依具体规则处理)。

▶ 13. 税金

如果企业开始盈利并且弥补亏损之后，每年年初缴纳的上年所得税放入图 2.3 所示"税金"位置处。

2.1.2 营销与规划中心

营销中心负责市场和销售管理工作，构建有效的市场营销体系与销售体系，准确把握最佳盈利机会，更好地服务于内外部客户。其主要任务是抢订单和销售产品，主要工作成果是销售出尽量多的产品。在市场方面的工作是为实现公司的经营目标制定策略，而在销售方面的工作则是执行市场策略。

营销中心的主要功能包括：①在市场开发方面，负责制定市场推广战略，做出产品组合与市场定位决策；②在产品销售方面，负责竞标、抢订单、销售产品以及货款的回收等工作。

沙盘将市场划分为本地、区域、国内、亚洲和国际市场,如果要到某个市场去销售产品,必须先进行市场开拓,市场开拓表现为资金和时间投入。

规划中心负责产品研发决策,制订或修改研发计划,并负责质量管理认证。规划中心除了负责 ISO 认证和产品研发方面的工作外,还要协助生产中心制订生产计划。

产品的研发要选择好投入时机,要根据市场的调查和预测进行规划。每种产品的生产技术需要提前研发,产品的研发需要时间和投入资金。

在质量管理和环境保护方面,设置了 ISO9000 质量认证资格和 ISO14000 环境认证资格,分别表示企业在质量和环保方面的能力。要获得这两项认证,需要投入时间、人力并产生费用。

▶ 1. 产品研发

生产经营过程中,生产线可生产四种产品,即 P1、P2、P3、P4。这四种产品需要模拟企业自己研发,且需要一定的研发周期和研发费用。研发期间,应将研发费用放入图 2.5 所示对应的产品生产资格位置,研发完成并取得生产资格认证后,将生产资格认证的标识放入相应位置。

图 2.5 生产资格认证

▶ 2. 市场开拓

市场的分类相对简单,共有五种市场,每种市场均可销售四种产品,但是价格、需求量各有不同,质量要求也不同。除本地市场外,区域市场、国内市场、亚洲市场和国际市场都需要模拟企业自行开发,并且每高一级市场的开发都要比低一级市场所需的开发费用多 1M,时间多花费一年。市场开拓期间,应将开拓费用放入图 2.6 所示对应的市场准入位置,开拓完成并取得市场准入资格认证后,将市场准入资格认证的标识放入相应位置。

图 2.6 各种市场准入资格

区域市场:需要一年研发周期,之后第二年研发可获得区域市场准入资格,并放置在相应区域,此后,可在区域市场进行广告宣传,争取客户订单销售产品。

国内市场:需要两年研发周期,研发累计两年后可获得国内市场准入资格,并放置在相应区域,此后,可在国内市场进行广告宣传,争取客户订单销售产品。

亚洲市场:需要三年研发周期,研发累计三年后可获得亚洲市场准入资格,并放置在相应区域，此后，可在亚洲市场进行广告宣传，争取客户订单销售产品。

国际市场：需要四年研发周期，研发累计四年后可获得国际市场准入资格，并放置在相应区域，此后，可在国际市场进行广告宣传，争取客户订单销售产品。

▶ 3. 质量认证

和现实较为相近，随着市场的占领和开拓，广大消费者对质量的要求越来越高，因此，要想获得更好的经营效果，每家公司必须在产品的质量上做文章，以便占领更多市场份额，这在企业沙盘模拟经营中表现为 ISO 资格认证。

ISO9000：ISO9000 资格认证需要两年研发周期，研发完成后，将 ISO9000 资格（见图 2.7）认证标识放在 ISO 相应位置，就可以争取需要 ISO9000 资格认证的产品订单。在实训的相关表格中，ISO9000 记为 9K。

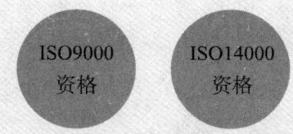

图 2.7　ISO 资格认证

ISO14000：ISO14000 资格认证需要三年研发周期，研发完成后，将 ISO14000 资格（见图 2.7）认证标识放在 ISO 相应位置，可以争取需要 ISO14000 资格认证的产品订单。同样，在实训的相关表格中，ISO14000 记为 14K。

2.1.3　生产中心

生产中心是产品制造场所，主要负责选择获取生产能力的方式（购买或租赁），设备更新与生产线改造；匹配市场需求、交货期和数量，核算产能并组织生产，必要时选择削减生产能力的方式。具体来说，生产中心负责公司产品制造工作，包括制订产品的制造计划，按照销售计划和预测按时制造出成品，同时控制在制品的数量。

具体职责如下：①生产计划管理，即根据市场订单制订公司的产品生产计划，做好生产进度和生产能力的平衡调度，保证按时提供市场所需数量的产品；②负责质量控制和管理，保证产品的质量；③控制生产过程成本要素，最大限度地降低生产成本；④做好生产设备的更新换代工作，保证生产能力能满足生产的需要。

就生产能力而言，需要考虑生产能力的调整问题，即何时扩大生产能力、扩大多少。解决这个问题有两种方案：一种方案是生产能力扩大时间超前于需求，每次扩大的规模较大，两次扩大之间的时间间隔较长；另一种方案是生产能力扩大时间滞后于需求，每次扩大的规模较小，扩大次数较多，两次扩大之间的时间间隔较短。第一种方案带来的缓冲较大，可以减少由于能力不足而引起的机会损失。在第二种方案中，当能力不足时可以采用加班加点、任务外包、安全库存等办法来补救。

生产中心包括厂房、生产线和在产品。生产线按照生产能力和需要的投资，以及转产时间的不同，分为手工线、半自动、全自动和柔性线。

▶ 1. 大厂房

购买大厂房所用资金应放入沙盘中"大厂房"旁边相应位置，作为固定资产，且不可随意移动固定资产的资金。如果需要该资金，则可以通过买卖厂房，将所得现金放在应收账款四期位置上。

大厂房可安装6条生产线，一般价格为40M。

▶ 2. 小厂房

购买小厂房所用资金放入沙盘中"小厂房"旁边相应位置。

小厂房可安装4条生产线，一般价格为30M。

▶ 3. 各类生产线

大小厂房可安装的生产线包括手工生产线、半自动生产线、全自动生产线和柔性生产线，沙盘中简称手工线、半自动、全自动和柔性线，如图2.8所示。模拟企业可根据本企业需要任意选取并进行投资和安装，一旦安装就不可以随意移动位置。

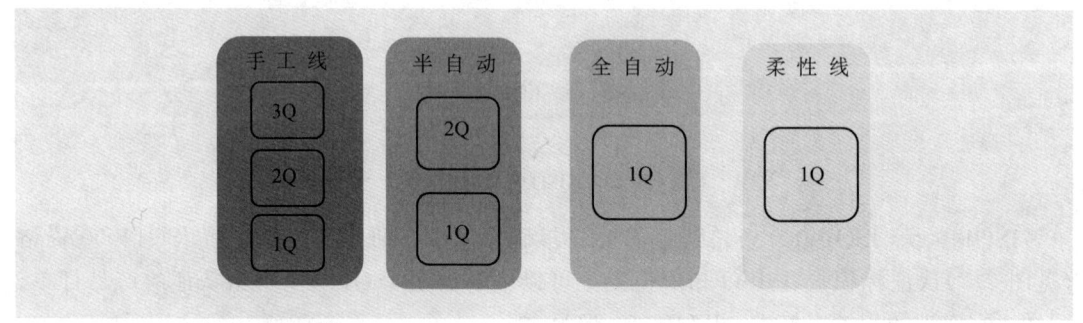

图2.8　4类生产线

手工生产线：可生产任意产品，生产周期为3期，无转产费用，无安装周期。
半自动生产线：可生产任意产品，生产周期为2期，有转产费用，有安装周期。
全自动生产线：可生产任意产品，生产周期为1期，有转产费用，有安装周期。
柔性生产线：可生产任意产品，生产周期为1期，无转产费用，有安装周期。

2.1.4　物流中心

物流中心负责原材料采购、储存管理和产成品库存管理，包括协助生产总监制订物料需求计划，并形成原料的采购计划。

物流中心的主要功能包括以下两个方面：①负责采购物料，以满足生产的需要，做到适时、适量、适质、适价、适地提供生产所需要的物料。适时是指生产上要用到物料的时候能及时供应，不断料；适量是指采购的数量刚好能满足生产的需要，没有过多的采购，减轻财务负担，降低采购成本。②负责采购物料的入库、储存、防护和交付投产，以及控制原料和成品库存。

▶ 1. 原材料种类

沙盘中，用空桶代表原材料订单，4种颜色的彩币分别代表四种原材料R1（红色）、R2（橙色）、R3（蓝色）、R4（绿色），如图2.9所示。每种原材料的采购期不同，单位价格都是1M。

▶ 2. 原材料订单

R1、R2原料订单直接放置在沙盘中R1、R2订单相应位置，一个季度后可直接购回

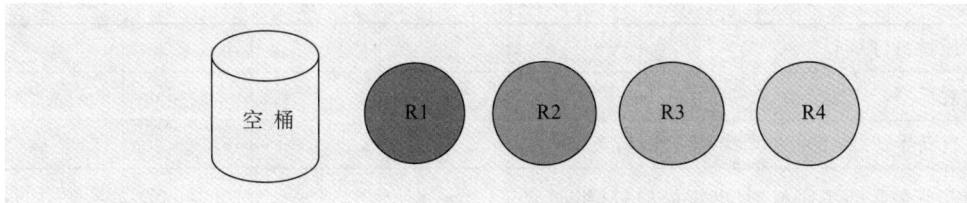

图 2.9　空桶及原材料代币

订购的原材料，并移动至 R1、R2 原材料库待用。

R3、R4 原料订单先放在沙盘中 R3、R4 订单相应位置，一个季度后向上推进放置在在途小汽车上，第二个季度购回订购的原材料，并移动至 R3、R4 原材料库待用。

▶ 3. 原材料库

将 R1、R2、R3 和 R4 原材料分别放置在对应原材料库的位置。

2.2　33 项年度工作

企业的实际运营过程是相当复杂的，在企业沙盘模拟经营实训中，表 2.1 所示的企业经营流程反映了两个内容：一是企业经营过程中必须做的工作；二是开展各项工作时要遵循的先后顺序。可以说，企业经营流程是进行企业经营活动的指南。

表 2.1　企业经营流程

企业经营流程 （请按顺序执行下列各项操作）		由 CEO 指挥团队成员具体执行每一项操作，每完成一项操作，在相应的方格内画钩，灰色位置不填。			
年初	新年度规划会议				
	参加订货会/支付广告费/登记销售订单				
	制订新年度计划				
	支付应付税				
	支付长期贷款利息/更新长期贷款				
	申请长期贷款				
1	季初现金盘点				
2	还本付息/更新短期贷款				
3	更新生产/完工入库				
4	生产线完工/转产完工				
5	申请短期贷款				
6	更新原材料库/更新原材料订单				

续表

7	下原材料订单					
8	购置厂房					
9	投资新生产线/变卖生产线/生产线转产					
10	向其他企业购买原材料/出售原材料（组间交易）					
11	开始下一批生产					
12	在建生产线					
13	更新应收款/应收款收现					
14	向其他企业购买成品/出售成品（组间交易）					
15	按订单交货					
16	厂房处理（卖出/退租/租转买）					
17	产品研发投资					
18	新市场开拓					
19	ISO认证投资					
20	支付行政管理费					
21	支付租金					
22	检测产品开发完成情况					
23	检测新市场开拓，ISO资格认证完成情况					
年末	支付设备维修费					
	计提折旧					
	违约扣款					
	期末现金对账					

总经理、生产总监、采购总监、营销总监使用表2.1记录所管理的对象的变化情况，如采购总监管理原材料库存，可在对应任务进行时在表中的相应位置填入数据。

在企业经营过程中，按照时间顺序分为年初6项工作、按季度执行的23项工作和年末需要做的4项工作。执行企业运营流程时由总经理主持，团队成员各司其职，有条不紊，每完成一项操作，在相应的方格中画钩作为完成标志。

现金是企业的"血液"。伴随着企业各项活动的进行，现金会发生流动。为了清晰地记录现金的流入和流出，企业经营流程中设置了现金收支明细登记。当总经理带领大家执行一项任务时，如果涉及现金收付，财务总监负责现金收付，会计主管要相应地在方格内登记现金收支情况。

执行企业经营流程时，必须严格按照自上而下、自左至右的顺序。每个角色都要关注自己需要负责什么工作，和其他部门的工作关系是怎样的，最好将自己负责的几项工作做特殊标记。

2.2.1 年初6项工作

▶ 1. 新年度规划会议

新的一年开始之际,企业管理团队要制定(调整)企业战略,做出经营规划、设备投资规划、营销策划方案、财务预算、生产采购工作安排等。具体来讲,需要进行销售预算和可承诺量的计算。

常言道:"预则立,不预则废。"预算是企业经营决策和长期投资决策目标的一种数量表现,即通过有关的数据将企业全部经济活动的各项目标具体、系统地反映出来。销售预算是编制预算的关键和起点,主要是对本年度要达成的销售目标的预测,销售预算的内容是销售数量、单价和销售收入等。

可承诺量的计算是指参加订货会之前,需要计算企业的可接单量。企业可接单量主要取决于现有库存和生产能力,因此产能计算的准确性直接影响销售交付。

▶ 2. 参加订货会/支付广告费/登记销售订单

参加订货会:各企业派营销总监参加订货会,按照市场地位、广告投放、竞争态势、市场需求等条件分配客户订单。争取客户订单之前,应以企业的产能、设备投资计划等为依据,避免接单不足造成设备闲置,或盲目接单造成无法按时交货,导致企业信誉降低。

支付广告费:财务总监将广告费放在沙盘上的"广告费"位置,会计主管记录支出的广告费。

登记销售订单:客户订单相当于与企业签订的订货合同,需要进行登记管理。营销总监领取订单后,负责将订单登记在"销售订单登记表"中,记录每张订单的订单号、市场、产品、数量、账期等,如表2.2所示。

表 2.2 销售订单登记表

订单号	市场	产品	数量	账期	交货期	销售额	成本	毛利	违约金
合计									

▶ 3. 制订新年度计划

明确当年的销售任务后,需要以销售为龙头,结合企业对未来的预期,编制生产计划、采购计划、设备投资计划,并进行相应的资金预算。将企业的供产销活动有机结合起来,使企业各部门的工作形成一个有机的整体。

▶ 4. 支付应付税

依法纳税是每个企业及公民的义务。财务总监按照上一年度利润表的"所得税"一项的数值取出相应的现金放置于沙盘上的"税金"处,会计主管做好现金收支记录。

▶ 5. 支付长期贷款利息/更新长期贷款

支付长期贷款利息:长期贷款的还款规则是每年付息,到期还本。如果当年未到期,每桶需要支付 20M×10％＝2M 的利息,财务总监从现金库中取出长期贷款利息置于沙盘上的"利息"处,会计主管做好现金收支记录。长期贷款到期时,财务总监从现金库中取出现金归还本金及当年的利息,会计主管做好现金收支记录。

更新长期贷款:如果企业有长期贷款,财务总监将空桶向现金库方向移动一格,当移至现金库时,表示长期贷款到期。

▶ 6. 申请长期贷款

长期贷款只有在年初才可以申请,可以申请的额度为"上一年所有者权益×3－已有贷款总额"。

2.2.2 每季度 23 项工作

▶ 1. 季初现金盘点

季初,财务总监盘点当前现金库中的现金,会计主管在企业经营过程记录表中记录现金余额。其他主管各自盘点所管理的实物,并将数量记录在企业经营记录表中。

▶ 2. 还本付息/更新短期贷款

还本付息:短期贷款的还款规则是利随本清。短期贷款到期时,每桶需要支付 20M×5％＝1M 的利息,因此,本金与利息共计 21M。财务总监从现金库中取现金,其中 20M 还给银行,1M 放置于沙盘上的"利息"处,会计主管做好现金收支记录。

更新短期贷款:如果企业有短期贷款,财务总监将空桶向现金库方向移动一格,移至现金库时,表示短期贷款到期。

▶ 3. 更新生产/完工入库

由生产总监将各生产线上的在制品上推进一格。产品下线表示产品完工,将产品放置于相应的产成品库,在企业经营过程记录表中登记入库的产品数量。

▶ 4. 生产线完工/转产完工

已完成最后一季投资的生产线,将生产线翻过来,正面朝上,表示已建成,可投入使用,将生产线的投资净值放置在生产线净值的位置。已完成最后一季转产投资的生产线可以投入使用。

▶ 5. 申请短期贷款

短期贷款只有在"申请短贷"这一环节中进行,财务总监到银行办理贷款手续,可以申请的最高额度为"上一年所有者权益×3－已贷款总额"。另外,企业随时可以向银行申请高利贷,高利贷贷款额度视企业当时的具体情况而定。如果申请了高利贷,可以用倒置的空桶表示,管理方法与短期贷款相同。

▶ 6. 更新原材料库/更新原材料订单

供应商发出的订货已运抵企业时,企业必须无条件接受货物并支付原材料款。采购总监将原材料订单区中的空桶向原材料库方向推进一格,到达原材料库时,向财务总监申请原材料款支付给供应商,换取相应的原材料,并在经营记录表中登记入库的原材料数量。

如果用现金支付，会计主管要做好现金收支记录。如果启用应付账款，在沙盘上做相应标记。

▶ 7. 下原材料订单

采购总监根据年初制订的采购计划，决定采购的原材料的品种及数量，每个空桶代表一批原材料，将相应数量的空桶放置于对应品种的原材料订单处。

▶ 8. 购置厂房

生产主管根据制订的年度计划，决定厂房购置的种类及购置方式。如果购买，将厂房价值放置在生产中心的"大厂房"或"小厂房"位置；如果租用，将相应的租金放置在综合费用区的"租金"位置。

▶ 9. 投资新生产线/变卖生产线/生产线转产

投资新生产线：投资新设备时，生产总监向指导老师领取新生产线标识，翻转放置于某厂房相应位置，其上放置与该生产线安装周期相同的空桶数，向财务主管申请建设资金，会计主管做好现金收支记录。

$$建设资金额度 = \frac{设备总购买价}{安装周期}$$

变卖生产线：当生产线上的在制品完工后，可以决定是否变卖生产线。生产线按净值出售，财务总监直接将生产线净值转为现金，残值放置在现金库，净值与残值差额放入综合费用区其他位置（损失），会计主管做好现金收支记录。

生产线转产：生产线转产是指某生产线转而生产其他产品。不同生产线类型转产所需的调整时间及资金投入是不同的。如果需要转产且该生产线需要一定的转产周期及转产费用，请生产主管翻转生产线标识，按季度向财务主管申请并支付转产费用；停工满足转产周期要求并支付全部的转产费用后，再次翻转生产线标识，领取新的产品标识，开始新的生产。会计主管做好现金收支记录。

注意：生产线一旦建设完成，不得在各厂房间随意移动。

▶ 10. 向其他企业购买原材料/出售原材料（组间交易）

新产品上线时，原材料库中必须备有足够的原材料，否则需要停工待料。原材料不够时，采购总监可以考虑向其他企业购买。如果按原材料的原值购入，购买方视同"原材料入库"处理，出售方的采购总监从原材料库中取出原材料，向购买方收取同值现金，放入现金库并做好现金收支记录。如果高于原材料价值购入，购买方将差额（支出现金－原材料价值）记入利润表中的其他支出，出售方将差额记入利润表中的其他收入，会计主管做好现金收支记录。双方采购总监登记出入库的材料数量。

▶ 11. 开始下一批生产

当更新生产完工入库后，某些生产线的在制品已经完工，可以考虑开始生产新产品。由生产主管按照产品结构从原材料库中取出原材料，并向财务总监申请产品加工费，将上线产品放到离原材料库最近的生产周期，在企业经营过程记录表中登记在制的产品数量。采购总监登记出库的原材料数量。

▶ 12. 在建生产线

对已投资建设的生产线，若需继续投资建设，每个季度向财务主管申请建设资金，会计主管做好现金收支记录。

$$建设资金额度 = \frac{设备总购买价}{安装周期}$$

在全部投资完成后的下一季度,将生产线标识翻转过来,领取产品标识,可以开始投入使用。

▶ 13. 更新应收款/应收款收现

财务总监将应收款向现金库方向推进一格,到达现金库时即成为现金,会计主管做好现金收支记录。在资金出现缺口且不具备银行贷款的情况下,可以考虑应收款贴现,应收款贴现随时可以进行,财务总监按规则进行贴现,将贴息放入综合费用区的"贴息"处,收取的现金(贴现的应收款额-贴息)放入现金库,会计主管做好现金收支记录。

▶ 14. 向其他企业购买成品/出售成品(组间交易)

如果产能计算有误,有可能本年度不能交付客户订单,这样不仅信誉尽失,而且要接受订单总额的25%的罚款。这时,营销总监可以考虑向其他企业购买产品。如果以成本价购买,买卖双方正常处理;如果高于成本价购买,购买方将差价(支付现金-产品成本)记入损失,出售方将差价记入销售收入,会计主管做好现金收支记录。双方的营销总监登记出入库的产品数量。

为了清晰起见,企业之间发生成品购销交易时,双方须登记"组间交易明细表",如表2.3所示。

表2.3 组间交易明细表

时间		买入			卖出		
年	季度	产品	数量	金额	产品	数量	金额

▶ 15. 按订单交货

营销总监检查各成品库中的成品数量是否满足客户订单要求,满足则按照客户订单交付约定数量的产品给客户,并在订单登记表中登记该批产品的成本。客户按订单收货,并按订单上列明的条件支付货款,若为现金(0账期)付款,财务总监直接将现金置于现金库,会计主管做好现金收支记录;若为应收账款,营销总监将现金置于应收账款相应账期处,并在企业经营过程记录表中登记出库的产品数量。

注意:必须按订单整单交货。

▶ 16. 厂房处理(卖出/退租/租转买)

资金不足时可以出售厂房,厂房按购买价值出售,但得到的是4账期应收账款。厂房内若无生产线,可选择将厂房退租,以节省租金;若资金允许,也可将租赁的厂房购买回来。

注意:厂房处理需在购入或租赁满一年后才能进行。

▶ 17. 产品研发投资

按照年初制订的产品研发计划,生产总监向财务总监申请研发资金,置于相应产品生产资格位置,会计主管做好现金收支记录。产品研发投资完成,领取相应产品的生产资格证。

▶ 18. 新市场开拓

按照年初制订的市场开拓计划,营销总监向财务总监申请市场开拓资金,置于相应市场准入位置,会计主管做好现金收支记录。市场开拓投资完成,领取相应市场的准入资格证。

▶ 19. ISO 认证投资

按照年初制订的 ISO 认证研发计划,营销总监向财务总监申请研发资金,置于相应 ISO 资格位置,会计主管做好现金收支记录。ISO 认证研发投资完成,领取相应 ISO 认证的资格证。

▶ 20. 支付行政管理费

管理费用是企业为了维持运营发放的管理人员工资和必要的差旅费、招待费等。财务总监取出 1M 放在"管理费"处,会计主管做好现金收支记录。

▶ 21. 支付租金

租用厂房每年需支付租金,生产总监向财务总监申请相关费用,财务总监取出相应租金放在"租金"处,会计主管做好现金收支记录。

▶ 22. 检测产品开发完成情况

每季度末,营销总监检查是否有完成研发的产品,如已完成,到指导教师处领取相应的资格证摆放在对应的位置。

▶ 23. 检测新市场开拓,ISO 资格认证完成情况

每年年末,营销总监检查是否有完成开发的市场及 ISO 资格认证的完成情况,如已完成,到指导教师处领取相应的资格证摆放在对应的位置。

以上 23 项工作每个季度都要执行。

2.2.3 年末 4 项工作

▶ 1. 支付设备维修费

在用的每条生产线需支付 1M 的维护费,生产总监向财务总监提出设备维修申请,财务主管取相应现金置于沙盘上的"维修费"处,会计主管做好现金收支记录。

▶ 2. 计提折旧

厂房不提折旧,设备按平均年限法计提折旧,在建工程及当年新建设备不提折旧。财务总监从生产线净值中取折旧费放置于沙盘上的"折旧"处。在使用年限最后一年,将剩余折旧全部提足。计提折旧时只可能涉及生产线净值和其他费用两个项目,与现金流无关,计算现金收支合计时不应考虑该项目。

▶ 3. 违约扣款

当年获取的订单未能按时交货的,要缴纳违约金(违约金的比例一般为 20%,可由指导教师自行设定)。计算违约金按规则应四舍五入并精确到整数,计算完成后将计算出的违约金放置在财务中心的相应位置上。

▶ 4. 期末现金对账

会计主管需要编制产品核算统计表、综合管理费用明细表、利润表和资产负债表。年度结束之后,指导教师将取走沙盘上企业已支出的各项成本,为来年经营做好准备。

2.3 电子沙盘操作

2.3.1 电子沙盘介绍

"商战实践平台"是新一代模拟经营类软件,在继承电子沙盘特点的基础之上,吸收了众多经营类软件的优点。本书基于新道新商战沙盘系统进行讲解。

新道新商战沙盘系统的主要功能特点如下:

·采用B/S架构,基于Web的操作平台,安装简捷,可实现本地或异地的训练;

·可以对模拟企业经营过程中的主要环节进行控制,学生不能擅自改变操作顺序,也不能随意反悔操作,避免作弊;

·自动核对现金流,并依据现金流对企业运行进行控制,避免了随意挪用现金的操作,从而真实体现现金对企业运行的关键作用;

·实现交易活动(包括银行贷款、销售订货、原材料采购、交货、应收账款回收、市场调查等)的本地操作,以及操作合法性验证的自动化;

·可以与物理沙盘结合使用,也可单独使用(高级训练或比赛时采用);

·有多组训练的选择,普通版可在6~18组中任选;

·强大的用户决策跟踪功能,可无遗漏地暴露决策失误,进行赛后复盘分析;

·访问端口任意配置,可以和其他IIS发布同时使用,突破了某些网络环境下的端口限制;

·规则、订单自由配置,规则有很强的可扩展性,如产品数、市场数完全自由设置,生产线种类自由设置,规则和订单作为独立文件可任意交换使用;

·在系统中直接填写报表,系统自动核对并通知;

·支持多个市场同时独立选单,既增加比赛的激烈程度,又节约比赛时间;

·支持招标(竞单),感受真实的市场氛围;

·自由选择规则方案和订单方案;

·强大的数据备份功能,无论何时都为数据提供悉心保护;

·形象、友好的界面,分层显示信息,重要信息一目了然,其余信息以悬停方式显示;

·灵活的参数设置,可将初始资金设成任意值,增加计算要求及比赛难度。

2.3.2 电子沙盘操作规则

物理沙盘模拟经营侧重于对企业的综合认知,但也存在不可回避的三个问题。其一,企业经营监控不力,在企业运营的各个环节,如营销环节、运营环节、财务环节等存在有意或无意的疏漏和舞弊,控制成本巨大;其二,受时空限制,参与人数有限;其三,指导教师工作量大,不能做到精细数据管理,以及管理工具和方法的综合应用。

学生有了企业模拟经营的经历之后,绝大多数希望再有机会展现自我,他们会希望将总结的经验在未来的经营中加以应用,并且将已经认识到的问题在新一轮的实践中加以克服。电子沙盘彻底实现了时间不可倒流的控制,即所有的运作环节一经执行,便不能悔改,更加真实地体现了现实企业的运营环境。这样就迫使学生像真正经营企业一样负责任地做好每一项决定,认真完成每一个操作。电子沙盘以创业模式经营,即只有初始资金(股东资本)。电子沙盘学生端的主界面如图2.10所示。

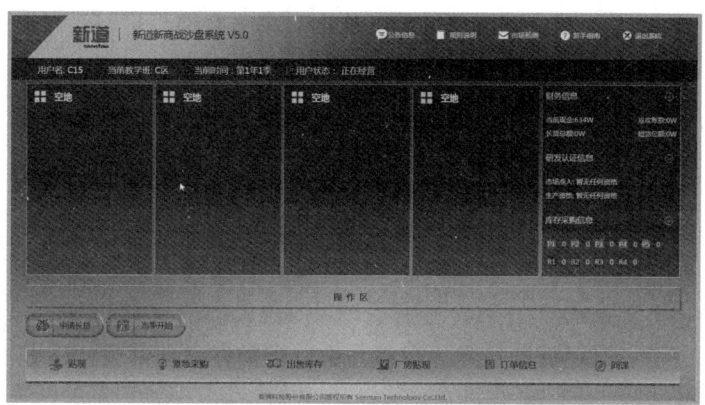

图 2.10　电子沙盘学生端界面

电子沙盘模拟经营可以作为集中课程进行,也可以由学生社团以组织沙盘比赛的形式开展。特别是在层层比赛的形式中,学生可以有更多的时间练习,不允许任意改变经营流程表顺序,特别是对经营难度有影响的顺序,如必须先还旧债再借新债;某些工作在物理沙盘上需要手工完成,电子沙盘中则由系统自动完成,如产品下线、更新贷款、扣管理费;某些信息在电子沙盘中被隐蔽,需要经营者更好地记录,如应收款信息、贷款信息;系统对各任务操作次数有严格规定,某些任务可以多次操作,某些任务只能一季度操作一次。

下面详细介绍电子沙盘的操作规则。

▶ 1. 教师端操作

(1) 插入新道新商战沙盘系统加密狗,双击桌面"商战"图标,打开商战实践平台,在弹出的窗口中单击"系统启动"按钮。

(2) 以系统管理员身份登录,初始密码一般为1,可进行数据初始化、系统参数设置、数据备份等操作,如图2.11所示。

图 2.11　管理员操作区

① 单击"管理员列表"按钮,可以进行增加管理员和删减管理员操作。

② 单击"数据初始化"按钮,可进行系统数据初始化,此时,原有数据将被清空,如需保留,需提前进行备份。规则方案、订单方案、队数都可自行设置,如图2.12所示。设置完毕,单击"初始化"按钮。

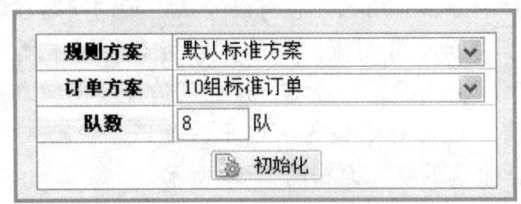

图 2.12 数据初始化

③ 单击"系统参数"按钮，可进行系统参数设置，如图 2.13 所示。如违约金比例、贷款额倍数、产品折价率、原料折旧率等，指导教师可根据上课状态或方案需求进行设置。设置完毕，单击"信息确认"按钮。

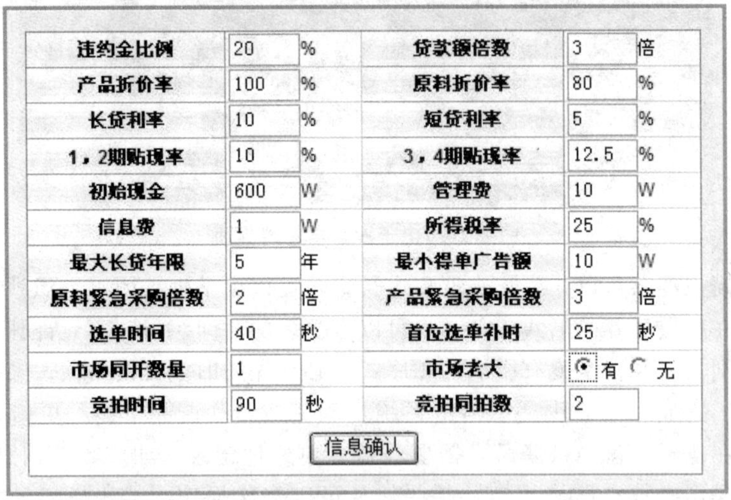

违约金比例	20	%	贷款额倍数	3	倍
产品折价率	100	%	原料折价率	80	%
长贷利率	10	%	短贷利率	5	%
1,2期贴现率	10	%	3,4期贴现率	12.5	%
初始现金	600	W	管理费	10	W
信息费	1	W	所得税率	25	%
最大长贷年限	5	年	最小得单广告额	10	W
原料紧急采购倍数	2	倍	产品紧急采购倍数	3	倍
选单时间	40	秒	首位选单补时	25	秒
市场同开数量	1		市场老大	⊙有 ○无	
竞拍时间	90	秒	竞拍同拍数	2	

图 2.13 系统参数设置

④ 单击"数据备份"按钮，可进行数据备份和还原设置，如图 2.14 所示。在"数据文件备份"文本框中输入备份文件名称，单击"备份文件"按钮，即可完成数据文件备份。在"手动备份还原"文件列表中勾选需要还原文件，单击"文件还原"按钮，即可还原所选文件。

(3) 以管理员身份（在管理员列表中设置增加的管理员和密码）登录，在操作区进行信息管理，如图 2.15 所示。

① 订单管理：学生完成广告投放工作后，管理员单击"订单管理"按钮，在弹出的对话框中单击"开始选单"按钮，如图 2.16 所示，学生按选单规则开始选单。

管理员可在后台对当前学生选单的实时情况进行监控，如图 2.17 所示。如出现特殊状况，可重新选单或暂停计时，情况处理完毕，单击"计时开始"按钮，可继续选单。

② 竞单管理：一般在第四年和第六年有竞单会，单击"竞单管理"按钮，学生开始进行竞单活动。

③ 组间交易：学生在经营过程中，两个竞争企业如需进行原材料和产成品的组间交易，协商一致后可进行组间交易。管理员单击"组间交易"按钮，在弹出的对话框中输入相关信息，单击"确认交易"按钮即可完成组间交易，如图 2.18 所示。

图 2.14 数据备份和还原

图 2.15 管理员主要操作界面

图 2.16 订货会开始

图 2.17 选单实时状态

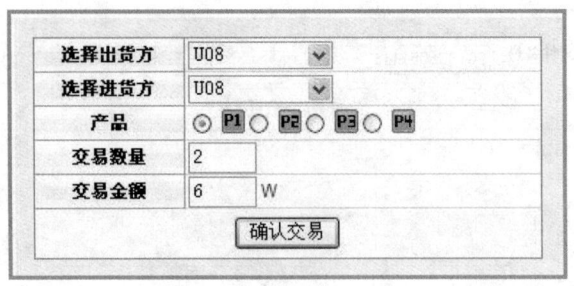

图 2.18 组间交易

④ 排行榜：单击"排行榜"按钮，可查询学生当前的经营排名。

⑤ 公共信息：单击"公共信息"按钮，可发布各企业经营结果信息，如综合费用表、利润表、资产负债表等，如图 2.19 所示。

图 2.19 公共信息

⑥ 订单详细：单击"订单详细"按钮，可查看当前规则下的详细订单列表。

▶ 2. 学生端操作

学生首次登录时，打开 IE 浏览器，输入网址，进入"商战"界面，登录初始密码为 1，单击"会员登录"按钮。登录后显示新道新商战沙盘系统用户注册界面，学生需填写个人信息及公司名称、公司宣言、角色承担者姓名等信息，填写完成后，单击"确认注册"按钮，如图 2.20 所示。

1）年初操作

（1）投放广告。

投放广告的工作一般从第二年才开始做，第一年进行基本设施构建和产品研发及市场开拓等基础性工作。

单击系统中的"投放广告"按钮，弹出"投放广告"对话框，可在预投放广告的产品市场输入广告额，如图 2.21 所示。

① 没有获得任何市场准入证时不能投放广告，此时系统认为其投放金额只能为 0。

② 不需要对 ISO 单独投广告。

③ 在"投放广告"对话框中，市场名称为红色表示尚未开发完成，不可投放广告。

④ 完成所有产品市场广告投放后，单击"确认"按钮退出，退出后不能返回更改。

⑤ 所有队伍投放完成后，可以通过广告查询，查看其他公司广告投放情况。

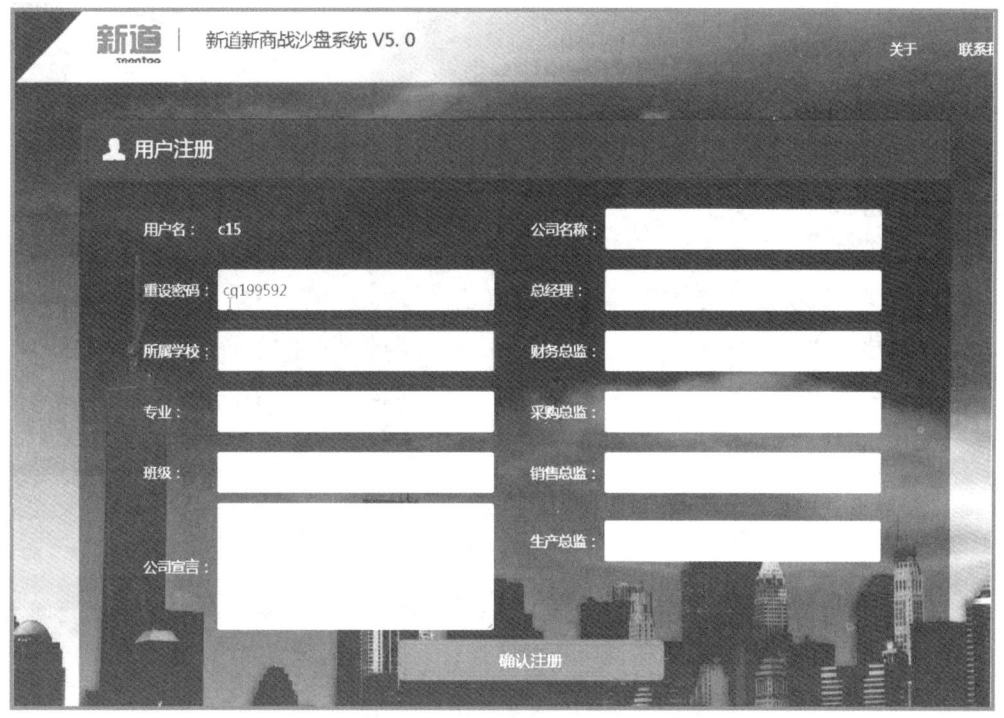

图 2.20 学生用户注册界面

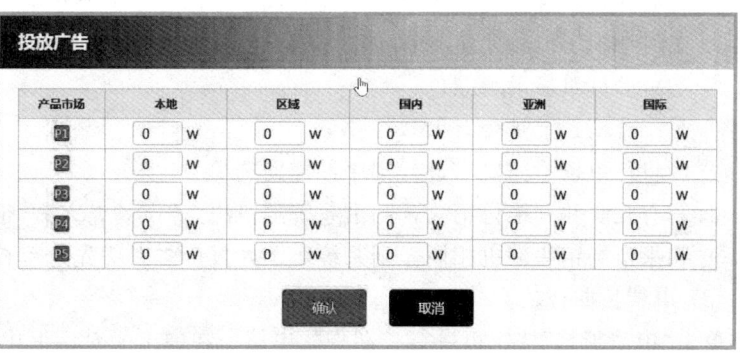

(a) "投放广告"按钮　　　　　　　　　　(b) "投放广告"对话框

图 2.21　投放广告

⑥ 广告投放确认后,长期贷款本息及税金同时被自动扣除,财务管理人员做好现金收支记录。

对应物理沙盘操作:营销总监向财务总监申请 4M 的广告费,将广告费放置在财务中心的"广告费"位置,财务总监将上一年计算的应交所得税数额放置在财务中心"所得税"位置,长期贷款若到期,到银行办理偿还到期贷款业务,若未到期,将长期贷款向前移动一年。

(2) 参加订货会。

单击"参加订货会"按钮,进入订货会界面,如全部用户到齐开始选单,则进入选择订单界面,如图 2.22 所示。各企业选择符合本企业计划的订单,单击"选中"按钮即可完成选单,市场人员进行订单记录。

(a) "参加订货会"按钮

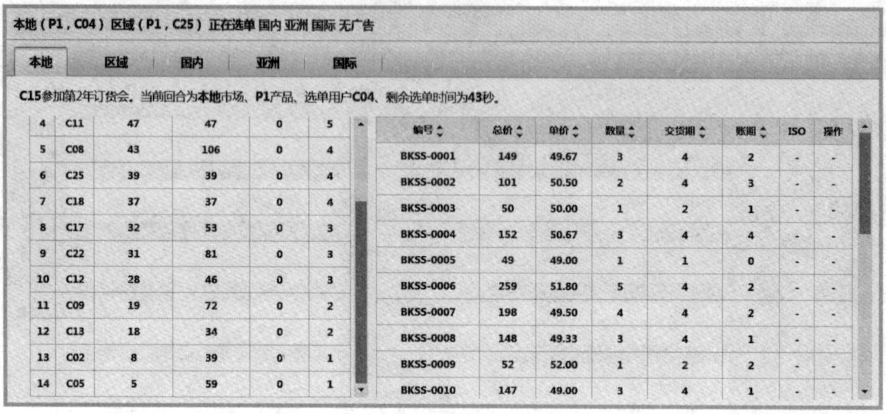

编号	总价	单价	数量	交货期	账期	ISO	操作
BKSS-0001	149	49.67	3	4	2		
BKSS-0002	101	50.50	2	4	3		
BKSS-0003	50	50.00	1	2	1		
BKSS-0004	152	50.67	3	4	4		
BKSS-0005	49	49.00	1	4	0		
BKSS-0006	259	51.80	5	4	2		
BKSS-0007	198	49.50	4	4	4		
BKSS-0008	148	49.33	3	4	3		
BKSS-0009	52	52.00	1	2	2		
BKSS-0010	147	49.00	3	4	1		

(本地 (P1, C04) 区域 (P1, C25) 正在选单 国内 亚洲 国际 无广告)

C15参加第2年订货会。当前回合为本地市场、P1产品、选单用户C04,剩余选单时间为43秒。

4	C11	47	47	0	5
5	C08	43	106	0	4
6	C25	39	39	0	4
7	C18	37	37	0	4
8	C17	32	53	0	2
9	C22	31	81	0	4
10	C12	28	46	0	3
11	C09	19	72	0	2
12	C13	18	34	0	2
13	C02	8	39	0	1
14	C05	5	59	0	1

(b) 选择订单界面

图 2.22 订货会选择订单

注意:本书中所使用的系统设置的是市场双开(即两个市场同时开放),市场之间不自动跳转,需企业相关人员自行在不同市场跳转进行选单操作。

① 选单权限由系统自动传递。
② 有选单权限的队伍必须在系统限定时间以内选单,否则系统视为放弃本回合。
③ 若放弃某回合中一轮选单,则视同放弃本回合,但不影响以后回合选单。
④ 在倒计时为10秒之前选单,出现确认提示框要5秒内确定,否则可能造成选单无效。
⑤ 不可选订单显示为红色。
⑥ 系统自动判定是否有 ISO 资格。
⑦ 可将订单按不同要求进行排序,辅助选单。
⑧ 若有几队并列销售第一,则由系统随机决定"市场老大",也可能无"市场老大"。
⑨ 如果市场销售额也相同,则系统赋予先投广告者优先选单权。

(3) 申请长期贷款。

单击"申请长贷"按钮可进行长期贷款申请,在弹出的对话框中设置需贷款年限和需贷款额,如图 2.23 所示。

(a) "申请长贷"按钮　　　　(b) 设置需贷款年限和需贷款额

图 2.23 申请长期贷款

① 选单结束后直接进行长期贷款申请操作,可以申请不同还款年限的若干笔长期贷款;

② 申请长期贷款操作必须在"当季开始"之前完成。

③ 不可超出最大贷款额度,即长期贷款和短期贷款总额(已贷+欲贷)不可超过上年权益规定的倍数(默认为3倍)。

④ 选择贷款年限并确认后,不可更改。

对应物理沙盘操作:如向银行申请为期4年,数额为100M的长期贷款,财务总监用一个空桶写上100M,将空桶放置在财务中心"长期贷款4Y"位置上,并将100M现金放置在现金库中。

2) 四季操作

单击"当季开始"和"当季结束"按钮可分别进行当季任务的启动和结束操作。

① 每季经营开始及结束需要确认当季开始、当季(年)结束(第4季显示为当年结束)。

② 注意操作权限,亮色按钮为可操作权限。

③ 如破产则无法继续经营,自动退出系统。

④ 现金不够应紧急融资,如出售库存、应收款贴现、厂房贴现。

⑤ 更新原材料库和更新应收款为每季必走流程,且这两步操作后,前面的操作权限将关闭,后面的操作权限打开。

⑥ 只要对经营难度无影响,操作顺序并无严格要求,建议按流程进行。

(1) 当季开始。

单击"当季开始"按钮弹出"当季开始"对话框,单击"确认按钮"进入当季经营,如图2.24所示。

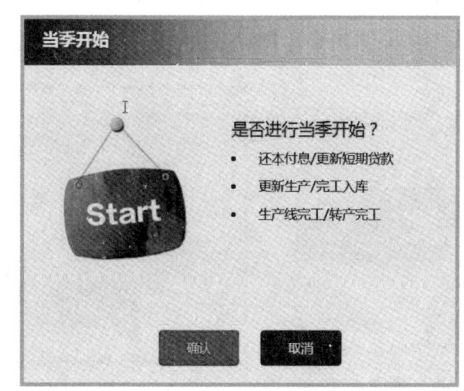

(a) "当季开始"按钮　　　　　(b) "当季开始"对话框

图 2.24　当季开始

① 选单结束或申请长期贷款后单击"当季开始"。

② 开始新一季经营必须单击"当季开始"按钮。

③ 系统自动扣除短期贷款本息。

④ 系统自动完成更新生产、产品完工入库、生产线完工及转产操作。

对应物理沙盘操作:短期贷款到期,财务总监到银行办理短期贷款本金还款工作,将计算出的短期贷款利息放在财务中心"利息"位置;生产总监将生产线上的产品向前更新一季,已完成生产的产品入对应的产成品库,将已完成投资的生产线(包括转产完工的生产线)正面朝上,产品标识一并翻过,正面朝上。

(2)申请短期贷款。

单击"申请短贷"按钮可进行短期贷款申请操作,在弹出的对话框中输入需贷款额,如图 2.25 所示。

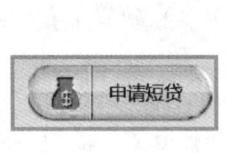

(a)"申请短贷"按钮　　　(b)设置需贷款额

图 2.25　申请短期贷款

① 一季只能操作一次。

② 不可超出最大贷款额度,即长期贷款和短期贷款总额(已贷＋欲贷)不可超过上年权益规定的倍数(默认为 3 倍)。

对应物理沙盘操作:财务总监到银行申请 200M 的短期贷款,在一个空桶中写上 200M,将空桶放置在财务中心短期贷款 4Q 位置,将 200M 现金放置在现金库中。

(3)更新原料库。

单击"更新原料库"按钮,弹出的对话框中会直接显示当前应支付的入库原材料的费用,单击"确认"按钮即可,如图 2.26 所示。

(a)"更新原料库"按钮　　　(b)提示支付金额

图 2.26　更新原料库

① 系统自动提示需要支付的现金(不可更改)。

② 单击"确认"按钮即可,即使支付现金为零也必须执行。

③ 系统自动扣减现金。

④ 更新原料库操作完成后,后面的操作权限方可开启("下原料订单"到"更新应收款"),前面的操作权限关闭。

⑤ 一季只能操作一次。

对应物理沙盘操作:采购总监按照采购计划向财务总监申请本次到库的原材料费 100M

支付给供应商,同时为已到原材料办理入库。注意:不同的原材料入不同的原材料库。

(4) 下原料订单。

单击"订购原料"按钮,在弹出的对话框中输入需要订购的原材料数量,如图 2.27 所示。

(a) "订购原料"按钮　　　　　　(b) 输入订购原材料的数量

图 2.27　下原料订单

① 输入所有需要的原材料数量,然后单击"确认"按钮完成订购。
② 确认订购后不可退订。
③ 可以不下订单。
④ 一季只能操作一次。

对应物理沙盘操作:例如购买 4 个 R1,采购总监将 4 个空桶放置在物流中心 R1 订单位置。

(5) 购(租)厂房。

单击"购(租)厂房"按钮,在弹出的对话框中选择厂房类型和订购方式,如图 2.28 所示。

(a) "购(租)厂房"按钮　　　　　(b) 选择厂房类型和订购方式

图 2.28　购(租)厂房

① 厂房可买可租。
② 购置大、小厂房不限,但最多可购置 4 个厂房。

③ 生产线不可在不同厂房间移动。

对应物理沙盘操作：如租用一个大厂房，生产总监向财务总监申请支付大厂房租金 50M，将租金放置在"租金"位置上。

(6) 新建生产线。

单击"新建生产线"按钮，在弹出的对话框中选择生产线安装位置、生产线类型和生产线所生产的产品，单击"确认"按钮，系统会显示新建生产线的状态，如图 2.29 所示，表示已订购柔性线生产 P3 且已经投资一个季度。

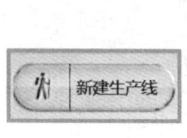  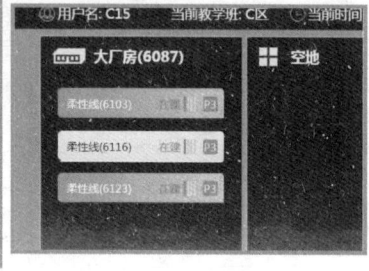

(a) "新建生产线"按钮　　　　(b) 选择生产线类型和所生产产品　　　　(c) 显示新建生产线的状态

图 2.29　新建生产线

① 需选择厂房、生产线类型和生产产品类型。

② 一季可操作多次，直至完成生产线购置计划或将生产线位置铺满。

对应物理沙盘操作：生产总监向指导教师领取新柔性线及标识，反面朝上放置于某厂房相应位置，其上放置与该生产线安装周期相同的空桶数(4 个)，向财务总监申请建设资金 150M，每条生产线在空桶里放置 50M。

(7) 在建生产线。

单击"在建生产线"按钮，在弹出的对话框中勾选需要继续投资的生产线，单击"确认"按钮完成投资，如图 2.30 所示。

 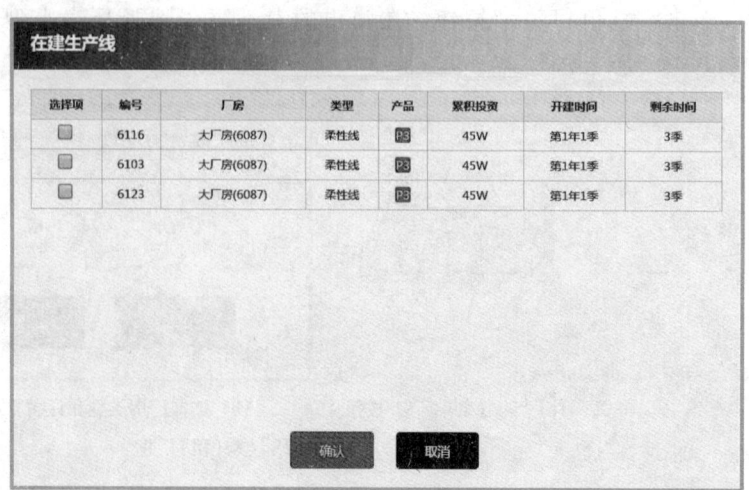

(a) "在建生产线"按钮　　　　　　　　　　(b) "在建生产线"对话框

图 2.30　在建生产线

① 系统自动列出投资未完成的生产线。
② 复选需要继续投资的生产线。
③ 此处可以不选，表示本季中断投资。
④ 一季只可操作一次。

对应物理沙盘操作：生产总监向财务总监申请建设资金150M，在准备继续投资的生产线的空桶里分别放置50M现金币。

(8) 开始生产/生产线转产/出售生产线。

单击"开始生产"按钮，在弹出的对话框中勾选需要开始生产的生产线，单击"确认"按钮实现生产线生产。单击"生产线转产"按钮，在弹出的对话框中勾选需转产的生产线，并选择转产产品，单击"继续转产"按钮即可完成转产操作，如图2.31所示。出售生产线操作同理。

(a) "在建生产线""生产线转产"和"出售生产线"按钮

(b) 开始下一批生产   (c) 生产线转率

图2.31 生产线生产、转产、出售

开始下一批生产：
① 系统自动列出可以进行生产的生产线；
② 自动检测原材料、生产资格和加工费；
③ 依次单击"开始生产"按钮，可以停产；
④ 系统自动扣除原材料及加工费。

对应物理沙盘操作：生产总监向采购总监申请、领取生产所需物料，在生产产品的生产线对应的工序位置上放置一个空桶，按产品构成将物料组合放置在空桶里。另外，每生产一个产品，需向财务总监申请加工费10M，放置在空桶里。

生产线转产：
① 系统自动列出符合转产要求的生产线(建成且没有在产品的生产线)；
② 对每一条需要转产的生产线进行相应操作，并选择要转产生产的产品；
③ 手工线和柔性线若要转产，也必须操作，但不需要停产及转产费；

④ 可多次转产操作。

对应物理沙盘操作：手工生产线和柔性生产线转产，生产总监只需向指导教师更换产品标识即可；半自动线和自动线转产，需将生产线反面朝上，向指导教师更换产品标识，另外需向财务总监申请相应的转产费放置在"转产费"位置。

出售生产线：

① 系统自动列出可变卖生产线（建成后没有在制品的空置生产线）；

② 选择操作生产线后，单击"确认变卖"按钮，即可出售生产线；

③ 可重复操作，也可放弃操作；

④ 变卖后，从净值中按残值收回现金，净值高于残值的部分记入当年费用的损失项目。

对应物理沙盘操作：生产总监处理现场，出售的现金中，残值部分上缴财务，入现金库；净值与残值的差额放置在"其他"（损失）位置。

（9）应收款更新。

单击"应收款更新"按钮，弹出"应收款更新"对话框，自动显示当前应收回的现金数额，如图 2.32 所示。

（a）"应收款更新"按钮

（b）"应收款更新"对话框

图 2.32　应收款更新

① 系统自动提示本期到期的应收款。

② 未到期的应收款，系统自动更新。

此步操作后，前面的各项操作权限关闭（不能返回以前的操作任务），并开启以后的操作权限，即按订单交货、产品开发、厂房处理等。

对应物理沙盘操作：财务总监将已到期的应收款 240M 放置在现金库中，未到期的应收款向前更新一个季度。

（10）按订单交货。

单击"按订单交货"按钮，弹出"交货订单"对话框，列出的所有未交货订单，选择准备交货的订单，单击"确认交货"即可，如图 2.33 所示。

① 自动检测成品库存是否足够，交单时间是否过期。

② 单击"确认交货"按钮，系统自动增加应收款或现金。

③ 可以在规定的交货期或提前交货，但不能超过交货期，否则系统判定违约，收回订单，并在年底扣除违约金（列支在损失项目中）。

对应物理沙盘操作：营销总监向生产总监申请产成品出库，按照准备交货的订单数量领取相应的产品，交给客户，同时财务总监把客户支付的应收款放置在对应账期的位置上。若是现金交易，收回的现金直接放置在现金库中。

(a) "按订单交货"按钮　　　　　　　(b) "交货订单"对话框

图 2.33　按订单交货

(11) 产品研发。

单击"产品研发"按钮,弹出"产品研发"对话框,勾选计划研发的产品,单击"确认"按钮即可,如图 2.34 所示。

(a) "产品研发"按钮　　　　　　　(b) "产品研发"对话框

图 2.34　产品研发

① 复选操作,需同时选定要开发的所有产品,一季只允许一次。

② 当季结束,系统检测产品开发是否完成。

对应物理沙盘操作:营销总监向财务总监申请 10M 研发费用于研发产品 P2,在营销与规划中心的 P2 研发资格位置放置 10M 研发费。

(12) 厂房处理。

单击"厂房处理"按钮,在弹出的对话框中,可对已购置满一年的厂房选择处理方式,包括卖出、退租、租转买等,单击"确认处理"即可完成操作,如图 2.35 所示。

① 如果拥有厂房且无生产线,可卖出,增加 4Q 应收款,并删除厂房。

② 如果拥有厂房且有生产线,卖出后增加 4Q 应收款,自动转为租,并扣当年租金,记下租入时间。

③ 租入厂房如果离上次付租金满一年(如上年第 2 季起租,到下年第 2 季视为满年),可以转为购买(租转买),并立即扣除现金;如果无生产线,可退租并删除厂房。

④ 租入厂房离上次付租金满一年,如果不执行"租转买"操作,视为续租,并在当季结束时自动扣下一年租金。

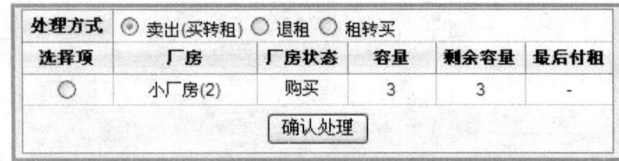

(a) "厂房处理"按钮　　　　　　　　(b) 选择处理方式

图 2.35　厂房处理

对应物理沙盘操作：

① 闲置厂房出售：若厂房中无生产线，生产总监处理现场，将出售厂房所得款项交给财务总监，将其放置在 4Q 应收款的位置；若厂房中有生产线，厂房转为租赁状态，将租金放置在"租金"位置，将出售厂房所得款项放置在 4Q 应收款的位置。

② 闲置厂房退租：生产总监清理现场，本年度租金不必再支付。

③ 租转买：生产总监向财务总监申请厂房购置款，将其放置在生产中心的厂房的位置上，本年度租金不必再支付。

(13) 市场开拓。

单击"市场开拓"按钮，在弹出的"市场开拓"对话框中勾选计划开拓的市场，单击"确认"按钮即可，如图 2.36 所示。

(a) "市场开拓"按钮　　　　　　(b) "市场开拓"对话框

图 2.36　市场开拓

① 只有第 4 季可操作一次。

② 第 4 季结束，系统自动检测市场开拓是否完成。

对应物理沙盘操作：例如 5 个市场全部开拓，营销总监向财务总监申请市场开拓费 50M，在营销与规划中心相应的市场准入位置分别放置 10M 的市场开拓费。

(14) ISO 认证投资。

单击"ISO 投资"按钮，在弹出的"ISO 投资"对话框中勾选计划进行的 ISO 投资，单击"确认"按钮完成操作，如图 2.37 所示。

① 只有第 4 季可操作一次。

② 第 4 季结束，系统自动检测 ISO 资格是否完成。

对应物理沙盘操作：例如 ISO9000 和 ISO14000 都进行认证，营销总监向财务总监申请 ISO 资格研发费 20M，在营销与规划中心相应的 ISO 资格位置分别放置 10M 的 ISO 资

 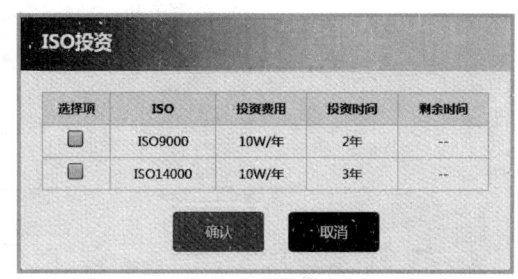

(a) "ISO投资"按钮　　　　　　(b) "ISO投资"对话框

图 2.37　ISO 投资

格研发费。

(15) 当季结束。

单击"当季结束"按钮,弹出"当季结束"对话框,单击"确认"即可,如图 2.38 所示。

(a) "当季结束"按钮　　　　　　(b) "当季结束"对话框

图 2.38　当季结束

① 一季经营完成需要单击"当季结束"按钮进行确认。

② 系统自动扣管理费(10M/季)及续租租金,并且检测产品开发的完成情况。

对应物理沙盘操作:财务总监从现金库支付 10M 管理费,放置在"管理费"位置;如本季需付厂房租金,支付厂房租金放置在"租金"处;若产品研发完成,营销总监到指导教师处领取对应产品生产资格证放置在对应的位置。

3) 年末操作

(1) 当年结束。

年末要进行当年结束的操作,其确认界面,如图 2.39 所示。

第 4 季经营结束时,要进行当年结束的操作,单击"当年结束"按钮,弹出"当年结束"对话框,单击"确认"即可。

① 第 4 季经营结束,则需要完成当年结束操作,确认一年经营完成。

② 系统自动完成所有任务,并在后台生成三张报表。

对应物理沙盘操作:财务总监从现金库支付 1M 管理费,放置在"管理费"位置;如果本季需付厂房租金,生产总监向财务总监申请支付厂房租金,将其放置在"租金"处;营销总监检查产品研发、市场开拓、ISO 资格认证完成情况,若完成,则到指导教师处领取对应产品生产资格证放置在对应的位置。已建成的生产线,由生产总监向财务总监申请支付

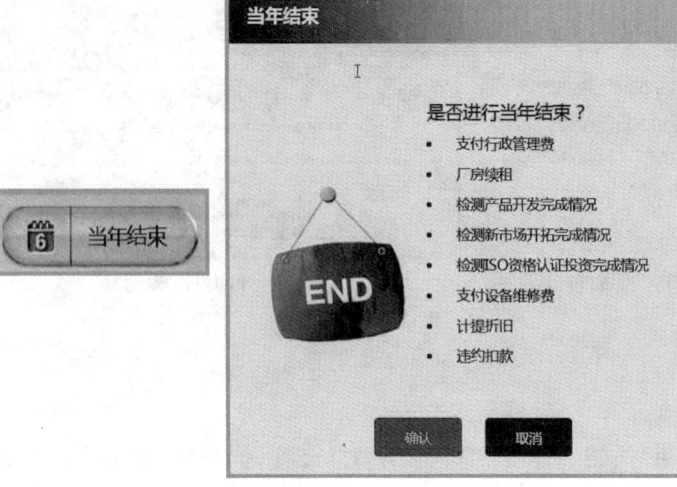

(a) "当年结束"按钮　　　　　　　(b) "当年结束"对话框

图 2.39　当年结束

设备维护费,一般每条建成的生产线需支付 1M 维修费。对需要计提折旧的生产线进行计提折旧(注意:折旧从生产线净值中扣除,不要从现金中支付)。如有违约订单,营销总监计算违约金,向财务总监申请支付违约金,将其放置在"其他"位置上。

(2) 填写报表。

单击"填写报表"按钮,由财务总监在弹出的"综合费用表"对话框中填写当年报表,包括综合费用表、利润表和资产负债表,完成后单击"提交"即可,如图 2.40 所示。

(a) "填写报表"按钮

(b) 填写综合费用表

图 2.40　填写报表

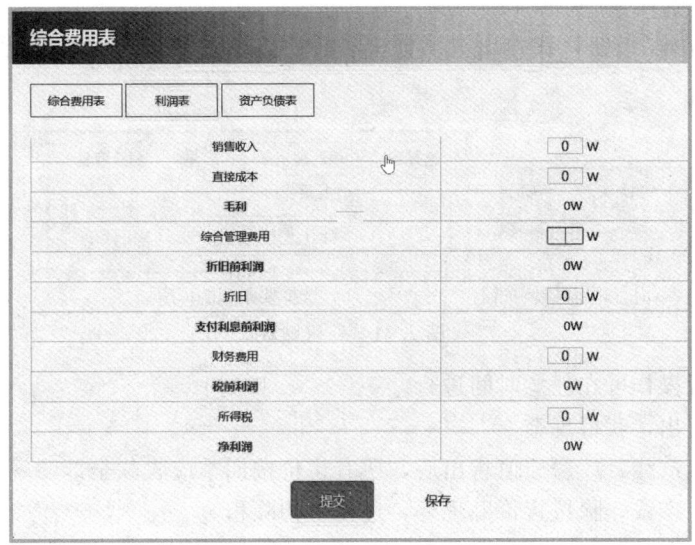

(c) 填写利润表

(d) 填写资产负债表

图 2.40　填写报表(续)

① 报表在每年结束后填写。

② 提交后,系统自动判断报表填写是否正确,如有错误,系统自动提示有误。

对应物理沙盘操作:财务总监填写完报表后,相关人员将企业本年度所发生的费用从物理盘面上清除。

4) 特殊操作

特殊运行任务是指不受正常流程运行顺序的限制,当需要时就可以操作的任务。此操作分为两类:第一类为运行类操作,这类操作会改变企业资源的状态,如固定资产变为流动资产等;第二类为查询类操作,该类操作不改变任何资源状态,只是查询资源情况。

（1）厂房贴现。

单击"厂房贴现"按钮，在弹出对话框中选择所要贴现的厂房，单击"确认贴现"即可，如图2.41所示。

(a) "厂房贴现"按钮　　　　　　(b) 选择要贴现的厂房

图2.41　厂房贴现

① 厂房贴现操作可在任意时间进行。
② 将厂房卖出，获得现金。
③ 如果无生产线，厂房原值售出后，所有售价按四季应收款全部贴现。
④ 如果有生产线，除按售价贴现外，还要再扣除租金。
⑤ 系统自动全部贴现，不允许部分贴现。

对应物理沙盘操作：

① 厂房内无生产线贴现：按四季应收款全部贴现，生产总监处理现场，按厂房原值计算贴息（一般为12.5%），将计算出的贴息放置在"贴息"位置上，余款（原值－贴息）提交财务入账；

② 厂房内有生产线贴现：按四季应收款全部贴现，生产总监处理现场，按厂房原值计算贴息（一般为12.5%），将计算出的贴息放置在"贴息"位置上，余款（原值－贴息）提交财务入账，由于厂房系统自动转为租用，需交付厂房租金，由生产总监向财务总监申请对应厂房的租金费，放置在"租金"位置上。

（2）紧急采购。

单击"紧急采购"按钮，在弹出的对话框中选择需采购的原材料或产成品，并输入相应订购量，单击"确认订购"即可，如图2.42所示。

(a) "紧急采购"按钮　　　　(b) 选择需采购的原材料　　　　(c) 选择需采购的产成品

图2.42　紧急采购

① 可在任意时间操作。
② 选择需要购买的原材料或产品，填写订购量后单击"确认订购"按钮。
③ 原材料及产品的价格列示在右侧栏中，默认原材料价格是直接成本的2倍，成品是直接成本的3倍。

④ 确认订购之后，立即扣款到货。
⑤ 购买的原材料和产品均按照直接成本计算，高于直接成本的部分记入损失项。

对应物理沙盘操作：采购总监或生产总监向财务总监申请紧急采购所需款项，将紧急采购的原料或产品入相应的原材料库或产成品库，原材料或产成品对应的成本支付给供应商，多余款项放置在"其他"位置，记为损失。

(3) 出售库存。

单击"出售库存"按钮，在弹出的对话框中选择需出售的原材料或产成品，并输入出售数量，单击"确认出售"即可，如图 2.43 所示。

(a) "出售库存"按钮　　　(b) 选择需出售的原材料　　　(c) 选择需出售的产成品

图 2.43　出售库存

① 可在任意时间操作。
② 输入售出原材料或产品的数量，然后单击"确认出售"按钮。
③ 原材料、成品按照系统设置的折扣率回收现金，默认原料为 80%，成品为直接成本；如进行的是组间交易，双方自行洽谈销售价格。
④ 售出后的折价部分记入费用的损失项。

对应物理沙盘操作：采购总监或生产总监将售出的原材料或产成品出库，所得现金上缴财务部门入账，出售原材料的折价款放置在"其他"位置上，记为损失；若为组间交易，所得现金上缴财务部门入账，财务总监在记账时将超出成本部分记入收入。

(4) 贴现。

单击"贴现"按钮，在弹出的"贴现"对话框中输入相应的贴现额，单击"确认"按钮即可，如图 2.44 所示。

(a) "贴现"按钮　　　　　(b) "贴现"对话框

图 2.44　贴现

① 可在任意时间操作。
② 1季、2季与3季、4季分开贴现。
③ 1季、2季(3季、4季)可联合贴现。
④ 次数不限。
⑤ 输入的贴现额应小于等于应收款。

对应物理沙盘操作：财务总监根据贴现总额按照相应的贴息率计算贴息，将计算的贴息放置在"贴息"位置，余款(贴现总额－贴息)入现金库，同时将已经贴现的应收款从"应收款"中扣除。

(5) 订单信息。

单击"订单信息"按钮，在弹出的"订单信息"对话框中可查看本企业的已获取订单情况，如图2.45所示。

订单编号	市场	产品	数量	总价	状态	得单年份	交货期	账期	ISO	交货时间
BKSS-0153	本地	P2	3	218W	未到期	第3年	4季	2季	-	-
BKSS-0188	本地	P5	2	312W	未到期	第3年	3季	1季	-	-
BKSS-0192	本地	P5	4	608W	未到期	第3年	3季	1季	9	
BKSS-0197	本地	P5	1	153W	未到期	第3年	1季	1季	9	
BKSS-0247	区域	P5	2	313W	未到期	第3年	4季	2季	-	
BKSS-0215	区域	P2	3	221W	未到期	第3年	4季	1季	9	
BKSS-0310	国内	P5	3	467W	未到期	第3年	4季	2季	9	

(a) "订单信息"按钮　　　　　　　(b) "订单信息"对话框

图2.45　订单信息

① 可在任意时间操作。
② 不收取任何费用。

2.4　基本方法、经营策略和分析工具

2.4.1　营销总监

营销总监在沙盘模拟经营中的主要任务是分析市场环境，制定广告投放策略、订单选择策略和市场开拓策略。下面进行具体阐述。

▶ 1. 分析市场环境

企业要想在激烈的竞争中获胜就必须生产适销对路的产品，任何脱离市场需求而闭门造车的企业，必将陷入销售的困境。企业在决定生产什么产品和生产数量之前，必须了解市场的需求情况，对市场的需求情况做出详细的分析，以此作为生产的主要依据，这样才能够保证企业的产品畅销，并获取竞争的胜利。

营销总销应根据系统提供的市场预测表,分析第二年~第六年,各细分市场对各产品的需求数量、单价和毛利,如表 2.4 所示。

表 2.4　市场分析表

产　品		本　地	区　域	国　内	亚　洲	国　际	合　计
P1	需求数量						
	单价						
	毛利						
P2	需求数量						
	单价						
	毛利						
P3	需求数量						
	单价						
	毛利						
P4	需求数量						
	单价						
	毛利						

为了进一步确定企业的目标市场,进行正确的市场定位,还可以用波士顿矩阵进行分析。在对每年的每个细分市场情况进行详细分析的基础上,得出各年各细分市场的需求增长率和各细分市场的产品毛利情况,将各年各细分市场的需求增长率填入表 2.5,将各细分市场的单位产品毛利填入表 2.6,然后再绘制波士顿矩阵图,最后做出细分市场的选择策略。

表 2.5　各年各细分市场需求增长率

市　场	产　品	第　三　年	第　四　年	第　五　年	第　六　年
本地	P1				
	P2				
	P3				
	P4				
区域	P1				
	P2				
	P3				
	P4				
国内	P1				
	P2				
	P3				
	P4				

续表

市场	产品	第三年	第四年	第五年	第六年
亚洲	P1				
	P2				
	P3				
	P4				
国际	P1				
	P2				
	P3				
	P4				

表 2.6　各年各细分市场单位产品毛利

市场	产品	第三年	第四年	第五年	第六年
本地	P1				
	P2				
	P3				
	P4				
区域	P1				
	P2				
	P3				
	P4				
国内	P1				
	P2				
	P3				
	P4				
亚洲	P1				
	P2				
	P3				
	P4				
国际	P1				
	P2				
	P3				
	P4				

营销总监可以根据表 2.5 和表 2.6 中所填列的数据自行绘制波士顿矩阵，通过波士顿

矩阵分析得出明星类产品细分市场，列为需要重点发展的细分市场，适当关注问号类、现金牛类产品细分市场，瘦狗类产品细分市场应逐步退出。需要指出的是，在企业沙盘模拟经营过程中，波士顿矩阵得出的目标细分市场有时候也不是最优的细分市场，在不同的竞争环境下，会有不同的最优细分市场，关键在于避开多数竞争者的竞争。

统计各产品所有市场每年的总需求，以此作为企业扩张产品产能的主要依据。一般情况下，某种生产线的产能扩张最好不超过生产该产品的企业平均需求数的1.5倍。例如，第五年生产P2的企业有6家，则平均需求为 $48 \div 6 = 8$，那么生产P2的产能最好不要超过 $8 \times 1.5 = 12$（个）。

▶ 2. 制定广告投放策略

在企业沙盘模拟经营过程中，制定广告投放策略是最关键的，也是最难的。因为沙盘中的模拟企业在销售市场中的竞争集中体现为广告投入的竞争，广告投入情况直接决定产品销售量和销售额，直接关系企业经营的成败，因此广告投入对于企业来说是生死攸关的。但广告投放策略又是最难制定的，因为在企业经营沙盘中，是按照广告投入多少的顺序来决定选单顺序，因此广告投入就变成所有竞争者之间的一种博弈，并非广告投放量大就一定可以获得订单，还要取决于其他竞争对手的广告投放情况，在其他竞争对手都投放小广告时，例如第一年投放4M，也可能会拿到最大订单，但如果大家都投放大广告，即使企业投放8M的大广告也不一定可以拿到理想的订单。一般来说，企业的广告投入应考虑以下几个方面的因素。

（1）市场需求的总体状况。市场需求状况是指在按照市场预测图中相应年份的每个市场的产品需求状况，也就是表2.4~表2.6所示的分析表。因为市场的规模和企业的资源是有限的，一个企业不可能将全部或大部分订单选完，同时一个企业也很难同时在所有市场和所有的产品投放广告。因此，企业需要根据市场需求来考虑主打哪些市场和哪些产品，也就是在市场需求分析的基础上确定市场定位和产品定位。基于上述分析，需要注意以下几个问题：

① 选择的市场和产品要满足可销售因素，必须重视需求量大的市场和产品，否则可能接不到订单或接单不足；

② 要考虑价格高的市场和毛利高的产品，以保证企业经营的营利性；

③ 要考虑市场的供求关系，并能在供不应求、供过于求和供求平衡的不同条件下选择不同的广告投放策略。

（2）竞争对手。众所周知，打仗的时候需要"知己知彼"，经营一个企业更应该如此。企业沙盘模拟经营训练中的竞争气氛异常激烈，如果对竞争对手缺乏了解且不能制定相应的对策，必定会经营惨淡。对竞争对手的分析包括对竞争对手的产量、市场开拓等情况的了解。这里需要强调的是，对于投放广告来说，竞争对手的管理现状、经营气氛、总经理表现，以及营销总监的个性需要特别关注，因为这会影响企业的广告投放倾向。具体包括下面几项内容：

① 了解竞争对手产品研发和市场开拓的信息，不仅要了解已经开发的产品和已经开拓的市场，还需要了解正在研发的产品和正在开拓的市场，还需要多少周期，何时可以参与到这个市场或这个产品的竞争中；

② 掌握竞争对手可供销售的产品数量，包括对手的产品库存情况、生产线的产能情

况、新生产线开工情况等；

③ 了解对手的资金状况，关注对手的当前现金，应收账款和应付账款的情况，从而推断对手可以投放广告的资金有多少；

④ 关注竞争对手的管理现状，包括总经理和营销总监的个性、经营气氛、对手可能采用的策略等。

面对激进型的竞争对手，企业最好采取跟随广告，投入适中广告以获取中等订单，如果一定要与其竞争大单，则必须要下重金。如果面对的是保守型竞争对手，则采取适当提高广告投放的策略对企业更有利，企业只需要适当提高广告投放即可确定获得大订单。

（3）可供销售产品数量。可供销售产品数量就是企业在指定的时间能够用来销售的产品数量，包括产能和库存。在企业沙盘模拟经营训练中，很多团队在经营的前几年往往是销售和生产脱节，营销部门和生产部门各自为政，营销总监花大广告接回来的订单生产不出来或者是生产出来的产品没有订单，变成了库存，造成资金积压。经过几年惨淡的经营，随着对企业运作的深入了解，才会对短期"以产定销"和长期"以销定产"有深刻的认识。

企业可供销售的产品数量可以用以下公式计算：

$$全年最大可供销售的产品＝期初产品库存生产量＋本年产能$$

其中，本年产能是企业全年最大生产能力，按照不同生产线推算出企业的产能如下：

① 手工生产线年初在制品在最后一格的一年可以生产下线 2 个产品，其他状态的只能生产下线 1 个产品；

② 半自动生产线一年可以生产下线 2 个产品；

③ 全自动和柔性生产线全年可以生产下线 4 个产品；

④ 半自动、全自动和柔性生产线如果年初是空置，第一季度才投产的，需要减少一个产品。

在投放广告前，按照不同的产品逐一计算相应数值填入表 2.7 中。

表 2.7　企业第(　)年可供销售产品数量

产　品	期初库存	本年产能	最大可供销售量
P1			
P2			
P3			
P4			

可供销售产品的数量对广告投入有直接的影响。因为需要销售的产品越多，企业需要投入的广告费用也就越大，才可能拿到更多的订单将产品销售出去；反之，如果可供销售产品较少，则只需要拿小订单就可以了，因此只需要投入较少的广告费用。

（4）现金。现金是企业经营的命脉，如果企业现金断流，那么在企业沙盘经营规则中会判定企业因资金断流而退出竞争。在企业沙盘模拟经营训练中，很多团队的营销总监在制定广告投放策略时，不和财务总监协商，在经营的前几年尤甚，造成经营流动资金严重不足，不能新购生产线来扩大产能，甚至导致资金断流破产。

广告投放将直接消耗现金，而且是作为净损耗，将直接使企业亏损和所有者权益减少，因此企业现金约束是企业投放广告时需要重点考虑的因素。特别是到后期广告费用比较高的时候，更加需要重点考虑，而且在投放广告前就要做好全年的预算、严密监视现金流，不能因为单纯想要拿大订单而投入大广告，导致现金断流，得不偿失。

在考虑广告投放资金总额的时候，一般需要考虑以下几个因素：

① 了解企业当前的现金流量；

② 考虑近期可以回收的应收账款和近期要支付的应付账款；

③ 估计本年可以完成的销售额，广告费用应该是本年销售额的一定百分比，一般控制在10％～15％。

（5）利润空间。利润空间是指企业所销售产品的销售额在扣去生产直接成本和广告费用之后的最大利润。根据相关经济理论，企业经营的重要目的就是利润最大化，在企业经营沙盘中也不例外，模拟企业经营也是要获取利润的，因此企业销售收入扣除生产成本和广告费用之后的最大毛利要大于等于0，否则企业将亏损。

企业广告投放的上限可以用以下公式计算：

$$企业广告投放的上限＝销售收入－生产成本$$

综合考虑以上因素，广告投放策略可以采取以下几种。

（1）大额广告策略。模拟企业为了在经营前几年获得优势，多取得有利订单，一开始就投入大额广告费，以求达到先发制人、遏制竞争对手的目的。一般采用这种方法时要注意以下四点：

第一，广告费投入要有一个限度，有时广告费过大会得不偿失，因为广告费和权益值是呈反比的关系；

第二，要时刻注意对手的广告费投入情况，要对竞争对手的广告额有一个大概的估计，以免投入相同广告费造成两败俱伤；

第三，广告费投入要考虑市场预测、产能、产品组合和现存资金等因素，要对可能竞争到的订单有一个大概的估计，做到有的放矢；

第四，当投放大广告获得了理想订单，产品基本能销售出去，并能在利润上获得优势时，那么本年应该适当新购生产线，以期在下一年继续保持优势。

（2）小额广告策略。与大额广告策略相反，小额广告策略的广告投入和产出比最大，但竞争到的订单毛利较小，容易造成产品积压，致使前期发展缓慢。

（3）中额广告策略。中额广告策略即广告投放量介于大额和小额之间，既规避最激烈的市场竞争，又优于小额广告。同时，多数市场单价高、毛利高的订单是数量在中间的产品，企业投放中额广告往往能获得利润较高的订单。

（4）先小额广告策略，后大额广告策略。模拟企业在竞争最激烈的前两年采用小额广告策略，保守经营，采用各种方式降低运营成本，并且持续维持低生产成本的生产状态，卖不出去的产品暂时留在成品仓库，到第三年随着市场的扩大和总需求的扩大，突然发力，投入较高的广告，以期最大限度获得订单将库存产品全部清完，并在当年获得较高的利润，开始进入竞争行列。

▶ 3. 制定订单选择策略

在企业经营沙盘中，企业生产的产品能否销售出去主要取决于企业能够在竞单环节获得多少订单。订单的选择是企业经营沙盘中的重要环节,这个环节直接决定了企业产品的销量,进而决定了企业的利润。在选择订单时,一般应综合考虑企业可供销售产品的数量、订单中产品的数量、单价,以及账期和交货期等因素后,再做出选择。

（1）可供销售的产品数量。可供销售的产品数量是企业选择订单的主要依据,因为如果少选了订单,会导致企业该卖出去的产品没有卖出,给企业造成损失,可是如果一味地选择大单,如果没有产品可供销售,按照规则到期交不了货,企业将会被罚款,所以订单的选择应该要拿捏得恰到好处。因此在选择订单前,生产总监做好详细的可供销售产品数量和产能的计算就显得非常重要,通常企业在进行选单前,应先填制一张产能预测表,如表 2.8 所示。根据产能预测表就可以计算出对应的每个季度最多可以拿订单的数量。

表 2.8　产能预测表

产　品	年初库存	第一季度产量	第二季度产量	第三季度产量	第四季度产量	合　计
P1						
P2						
P3						
P4						

（2）订单中产品的数量。在企业经营沙盘中,多数情况下,特别是前几年,整个市场都是处于供过于求的状态,因此企业在选择订单时,首要考虑把产品卖出去,所以在价格、账期相差不大且交货期能够满足的情况下,应该选择数量大的订单,除非数量不同或单价相差较大。数量不一样但销售额相同或相近时,则应该选择数量较小的订单。

（3）账期。账期决定了销售产品的回款时间,也关系到企业现金流的运转,因此账期也是企业需要考虑的因素之一,一般应尽量选择账期较短的订单,尤其是在企业资金比较紧张时,更是要重点考虑。

（4）交货期。交货期是指订单产品的交货时间限制,交货期的限制直接影响订单的选择,如有加急要求的订单,则必须在第一季度交货,否则将会被罚款。如果满足不了交货期的要求,即使企业有再多的产品也没有办法选择对应的订单。

（5）附加条件。如果订单有 ISO9000 或 ISO14000 认证要求,需要完成认证研发之后方可选择该订单,而且一般有认证要求的订单产品单价都会相对较高。

综合考虑以上因素,订单选择可以采取以下几种策略：

① 产能较大或库存较多时,一般优先选择产品数量大的订单；

② 产能中等,但是预计市场竞争会比较激烈时,一般也优先选择产品数量大的订单；

③ 产能中等或偏小,一般优先选择产品价格比较高的订单；

④ 市场竞争不激烈,预计产品供不应求时,一般优先选择产品价格比较高的订单；

⑤ 资金运转比较困难时,一般应选择账期短的订单,这时最好选择数量少的订单,因为如果数量比较大,经过几个季度的生产,在年底才能交货,就算账期短,资金也不能及时收回,也会导致资金压力问题。

注意：在企业经营沙盘选择订单的过程中,尤其在进行企业经营沙盘对抗比赛之前,应先对各个市场订单进行详细了解,以便获取更好的订单。有些模拟企业在产量不高时就在本地和区域市场把订单全部拿满了，结果到后面进行国内、亚洲、国际市场的竞单时，发现后面的市场有单价更高、账期更短的订单，于是后悔不已。因此，产量有限时，企业应关注各个市场的订单情况，留一些产品到价格较优的市场去销售，不要受市场竞单先后的影响。

▶ 5. 制定市场开拓策略

在企业经营沙盘中，前几年各个企业的总产能一般都是大于市场需求的，也就是说整个市场是处于一种供过于求的状态，这就必然使各企业为了获得订单而进行激烈的竞争。如果企业不开拓新的市场，只是坚守本地市场，那么企业生产的多数产品将无法销售出去（因为本地市场容量毕竟有限，且各企业都在争夺），因此开拓新市场就显得刻不容缓。企业开拓新市场主要应考虑生产能力与现有市场容量的对比、财务状况、产品策略、竞争对手的情况等因素，根据不同情况选择不同的市场开拓策略和进度。

市场开拓可以采取以下策略。

（1）集中性策略。集中性策略是指企业为了节约开拓费用以及后期的广告费用，而只开拓其中一个或者几个对企业有利的市场进行开拓。这种策略的好处是可以节省市场的开拓费用，并且由于后期市场少，企业就可以集中性地去投广告，也可以节省不少广告费。

（2）全覆盖策略。全覆盖策略是指企业同时开拓所有市场。这种策略的好处是可以保证企业的产品可以有足够的地方去销售，缺点是会占用企业太多的资金。

（3）补缺策略。补缺策略是基于市场竞争对手的一种策略。在企业着手开发新市场之前，该市场可能已有先导者，在企业考虑是否要开发该市场的同时，周围也存在很多潜在竞争者，如果企业一味强行开发，面对强劲竞争对手，就会耗费很多不必要的精力和财力。如果企业能够避开竞争者，找一些较少企业开发的市场进行开拓，将起到事半功倍的效果。

在确定企业需要开拓的市场后，最关键的就是要确定企业应该在什么时候开始开拓新的市场，而这主要取决于两个因素：一是这个市场什么时候开始有指定产品的市场需求，二是企业什么时间需要用这个市场来销售相应的产品。结合这两个因素，确定好企业需要用这个市场销售产品且市场上有这个产品的需求的时间后，再根据市场开拓需要的时间往前倒推就可以确定企业开始开拓该市场的时间。

2.4.2 生产总监

现实中，生产部门是企业价值创造的主要承担部门，负责从企业资源输入到企业产品形成过程中的管理工作。现代企业的生产要求越来越高，要求能及时快速地生产出能满足市场需求的优质产品，而且要求产品成本越来越低。在生产管理的方法上也要求不断创新，ERP、全面质量管理、精益生产管理、ISO 质量管理体系在企业生产管理中得到广泛的应用，生产部门承担的职责也越来越多。

企业沙盘模拟经营过程中，生产总监需要按照企业的战略规划，安排产能大、效率高的生产线来生产企业决策中的主打产品，并且还要使生产线的建成与研发同步，合理安排生产线、尽量减少维修费和折旧费用。同时，生产总监还需要结合原材料的库存、在途情况和生产线结构综合分析下一财年的产出情况，向营销经理提供准确的产能数据，便于选择订单，并向财务经理提供生产所需原材料采购费用、加工费用、维修费、折旧费等数据，为财务预算做准备。

▶ 1. 制订生产计划

生产计划工作是继销售计划之后的一个重要计划，其内容要根据销售计划进行配套生产，制订合理的生产计划是完成订单的基本保障，同时也是制订物料采购计划、财务预算的基本前提。

（1）竞单前的产能预估。在每一个经营年度进行销售竞单前，生产总监应根据现有生产线情况，制订下年度的初步生产计划，并向营销总监提供可能产出的产品品种和数量。

不同生产线每年的产能如表2.9～表2.11所示。

表2.9 手工生产线每年产能

起始工序	生产完工数	结束工序
空	1	①
①	1	②
②	1	③
③	2	①

表2.10 半自动生产线每年产能

起始工序	生产完工数	结束工序
空	1	②
①	2	①
②	2	②

表2.11 全自动和柔性生产线每年产能

起始工序	生产完工数	结束工序
空	3	①
①	4	①

根据以上产能状况，结合生产线数量，估算本年度不同产品的数量。

（2）竞单后，填制模拟企业的生产计划，如表2.12所示。

表2.12 生产计划表

时间	手工生产线1	半自动线	自动线	柔性线	手工生产线2
Q1	P1		P2	P3	
Q2		P2	P2	P3	P1
Q3			P2	P3	
Q4	P1	P2	P2	P3	

各企业根据企业自身生产线情况,依据生产计划表进行生产计划安排。

▶ 2. 生产线投资策略和投资生产线的时机

(1) 生产线投资策略可采取以下几种。

① 投资回收期法。投资回收期法是根据设备收益计算回收设备投资所需的时间,以评价设备投资方案经济性的一种方法,在选择投资方案的时候,优先选择投资回收期短的投资方案。因为在企业沙盘模拟经营训练中,一共有四种类型的生产线,相应就有四种备选投资方案。根据各产品的平均毛利,可以计算出四种生产线分别生产不同产品时的投资回收期。

$$投资回收期 = \frac{投入}{年毛利 - 维护费用 - 财务费用} + 安装周期$$

其中:

$$年毛利 = (平均单价 - 单位直接成本) \times 年产量$$
$$财务费用 = 生产线投入 \times 5\%$$

投资回收期没有全面考虑投资方案整个计算期内的现金流量,忽略投资回收期后的所有好处或不良影响,对总收入不做考虑。只考虑回收之前的效果,不能反映投资回收之后的情况,即无法准确衡量方案在整个计算期内的经济效果。所以投资回收期作为方案选择和项目排队的评价准则是有一定偏差的,一般只作为辅助评价指标。

② 成本费用法。对于四种生产线投资方案的选择,可以通过以下三种方法的比较,选出最优方案:

a. 四种投资方案的预期收入相同,但是成本不同,则成本最低的方案为最优方案。

b. 四种投资方案的预期收入不同,但是成本相同,则预期收入最高的方案为最优方案。

c. 四种投资方案的预期收入和成本都不相同,这时应该先求出各个方法的预期纯收益(预期收入-预期成本),对比预期纯收益,预期纯收益最高的方案为最优方案。

在模拟企业的四种生产线投资方案中,很容易转化成预期收入相同,通过进行成本费用的比较来选择最优方案的形式。

生产线在建设过程中要考虑全自动生产线和半自动生产线转产需要一定的转产费用和转产周期,而手工生产线和柔性生产线转产不需要转产费用和转产周期。柔性线的成本费用很高,一般不予考虑,但在中后期,生产的产品品种比较多,而订单的争夺又相对比较激烈的时候,为了生产的方便性,应适当考虑投资1~2条柔性线。

(2) 选择投资生产线的时机应考虑以下因素。

① 与新产品研发相匹配。在企业沙盘模拟经营训练中,企业只有同时满足完成产品研发和完成生产线建设投资才能开始生产,所以在时间安排上,以两种活动消耗时间较长者为准,各自倒推计算开始产品研发的时间和开始生产线建设的时间。

② 控制维护费用和折旧费用。按照规则,未建成的生产线不需要交维护费,并且当年建成的生产线不计提折旧。本年每个季度投资全自动和柔性线的前2年产出产品数、维护费用和折旧费用如表2.13所示。

表 2.13　全自动和柔性线前 2 年产出和费用表　　　　　　　　　单位：M

投资建设季度	生产线类型	建成投产季度	投资 2 年产出	投资 2 年维护费用	投资 2 年折旧费用
本年第一季度	全自动	本年第四季度	4	2	3
	柔性线	下年第一季度	3	1	0
本年第二季度	全自动	下年第一季度	3	1	0
	柔性线	下年第二季度	2	1	0
本年第三季度	全自动	下年第二季度	2	1	0
	柔性线	下年第三季度	1	1	0
本年第四季度	全自动	下年第三季度	1	1	0
	柔性线	下年第四季度	0	1	0

由表 2.13 可知，全自动生产线在第二季度投资最好，柔性生产线在第一季度投资最好，必要的时候也可以考虑分别在第三季度和第二季度投资建线，柔性生产线最好不在第三和第四季度投资建线。

2.4.3　采购总监

兵书中说"兵马未动，粮草先行"，日常生活中有俗语"巧妇难为无米之炊"，均说明物资的重要性。物资是人类赖以生存和发展的基础，也是企业生产建设的基础。企业的物资过程既是价值量的实现过程，也是使用价值的耗费过程。不同的行业，物资消耗占整个生产成本的比例不同，有的物资消耗约占全部生产成本的 30%～40%，有的可能更多。对于企业来说，如果没有及时采购生产必须的物资，容易导致生产设备闲置，造成生产能力浪费。过多采购或盲目采购则会导致资金紧张。如何控制好采购环节，保证合理的物资供应，采购总监责任重大。

表 2.14 列出了第二年的生产计划，可根据生产计划及产品结构进行所需原材料的分解，按照提前期制订采购计划下达采购订单，如表 2.15 所示。

表 2.14　生　产　计　划

时　间	P1	P2	P3	P4
第 1 季		2	2	
第 2 季		2	2	
第 3 季		2		2
第 4 季		2		2

表 2.15　采　购　计　划

时　间		R1	R2	R3	R4
第一年	第 3 季			4	2
	第 4 季	2	2	4	2

续表

时间		R1	R2	R3	R4
第二年	第1季	2	2	4	4
	第2季	4	4	4	
	第3季	4			
	第4季				

注意：表2.15中只是列出了第二年生产计划所需的物资，生产是连续的，因此采购也是连续的，采购总监应根据生产计划自行向下安排采购计划。

2.4.4 财务总监

企业模拟经营过程中，企业规模越来越大，每个季度需要支出的现金也越来越多，年底还要支付设备维护费、厂房租金等，下一年的广告费也是不小的开支，所以要在年初的时候就制订财务预算计划。

▶ 1. 经营预算

（1）财务预算。按照我们的常识，往往要求模拟企业分别预算每个季度的总收入和总支出。如果总收入大于总支出，则认为模拟的现金充裕，企业的预算可行。但在实际的企业模拟运营过程中却发现，虽然模拟企业的总收入大于总支出，但是可能在季度初还贷款和利息的时候现金已经为负数，企业已经断流，那后面就算回流再多现金，或可以借很多的短期贷款也是没有用的。在交货获得0账期的现金之前的步骤也需要保证有足够的流动现金维持企业的运营。所以为了让模拟企业经营的任何一个步骤都有正的现金流，同时又仅在需要的时候才借入短期贷款，需要在还贷和利息之后设置第一个监控点"现金余额1"，同时在按订单交货前一步骤设置第二个监控点"现金余额2"，填制现金预算法，如表2.16所示。

表2.16 第( )年现金预算表

经营步骤	第一季度资金收支	第二季度资金收支	第三季度资金收支	第四季度资金收支
期初现金				
支付广告费				
支付税金				
还长期贷款本金利息				
申请长期贷款				
现金余额1				
还短期贷款和利息				
申请短期贷款				
原材料入库				
生产线转产/出售				

续表

经 营 步 骤	第一季度资金收支	第二季度资金收支	第三季度资金收支	第四季度资金收支
购置厂房				
生产线投资				
加工费				
现金余额2				
应收账款收现				
产品研发费				
支付租金				
支付行政管理费				
市场开拓费				
ISO认证				
设备维护费				
违约金				
现金收入合计				
现金支出合计				
期末现金余额				

按照表2.16进行现金流预算，步骤如下：

① 把上期期末现金填入"期初现金"；

② 填入"支付广告费"；

③ 把上年应交所得税的计算结果填到当年的"支付税金"；

④ 当年已到期的长期贷款本金/利息填入"还长期贷款本金利息"；

⑤ 本年新申请的长期贷款金额填入"申请长期贷款"；

⑥ 现金余额1＝①－②－③－④＋⑤；

⑦ 根据上年的短期贷款情况，将每个季度应还款的短期贷款本息分别填入第一、第二、第三、第四季度的"还短期贷款和利息"；

⑧ 将本季度新申请的短期贷款金额填入"申请短期贷款"；

⑨ 在"原材料入库"栏中，按照每个季度原材料入库的所需金额填入相应的季度；

⑩ 将发生的出售生产线所得现金、转产费填入"生产线转产/出售"；

⑪ 将购置厂房的款项填入"购置厂房"；

⑫ 将购置的生产线按照投资规则分别将金额填入第一、第二、第三、第四季度的"生产线投资"；

⑬ 将每个季度的加工费填入"加工费"；

⑭ 现金余额2＝⑥－⑦＋⑧－⑨±⑩－⑪－⑫－⑬；

⑮ 将每次销售产品的应收账款按照账期计算出应收款回收时间，按回收时间分别填入对应年度的"应收账款收现"；

⑯ 将产品研发费用填入"产品研发费";
⑰ 将租金按发生时间填入"支付租金";
⑱ 将管理费填入"支付行政管理费";
⑲ 将新市场开拓费用填入第四季度的"市场开拓费";
⑳ 将 ISO 资格认证投资费用填入第四季度的"ISO 认证";
㉑ 将进行设备维护的费用填入第四季度的"设备维护费";
㉒ 按照违约订单计算出的违约金填入第四季度的"违约金";
㉓ 初步计算每个季度的现金收入合计和现金支出合计,并计算出每个季度的现金余额,分别填入第一~第四季度的"期末现金余额"。

通过以上的现金流预算步骤,可以了解现金流预算是比较复杂的过程,但又是非常重要的,如不进行预算,企业盲目发展,随时有资金断流、破产的危险。在预算过程中,其实还可以通过调整交货顺序来调整现金流预算。对于产品交货的安排,一般情况下,尽可能安排每个季度都有部分回款,而且尽可能安排在本年第四季度前有更多的回款,因为一般在年底需要支付的费用比较多,同时还需要在年底准备较多的现金用于支付下年初的广告、税金和偿还本年第一季度到期的长期贷款和利息。

(2) 估算本年度利润和期末权益。
① 根据初步的财务预算可估算本年度综合费用。
② 估算本年度利润:

本年度的税前利润＝销售收入－直接成本－综合费用－折旧－利息费用

③ 估算本年度的权益:

本年度权益＝上年度的权益＋本年度净利润

▶ 2. 编制财务报表

利润表是反映企业经营成果的动态报表,资产负债表是反映企业资产状态的静态报表,对于财务总监来说,能够及时、准确地编制财务报表是一项基本的能力。

(1) 编制综合费用表,如表 2.17 所示。

表 2.17 第( )年综合费用表

项 目	金 额	备 注
管理费		
广告费		
维修费		
租金		
转产费		
市场准入费		□本地 □区域 □国内 □亚洲 □国际
ISO 资格认证		□ISO9000 □ISO14000
产品研发		P1( ) P2( ) P3( ) P4( )
其他		
合 计		

① 管理费：每个季度末支付 1M 行政管理费，每年共计 4M。
② 广告费：企业年初投放的广告总费用。
③ 维修费：年底可投产的生产线每条需要支付 1M 维护费。
④ 租金：已经使用的未购买的厂房需要支付厂房租金。
⑤ 转产费：半自动生产线和全自动生产线转产需要支付转产费。
⑥ 市场准入费：当年用于开拓市场的费用。
⑦ ISO 资格认证：当年用于 ISO 认证的费用。
⑧ 产品研发：当年用于产品研发的费用。
⑨ 其他：主要是罚款和固定资产清理费。

（2）编制利润表，如表 2.18 所示。

表 2.18　第（　）年利润表

项　目	行　次	运　算	金　额	数据计算方法
销售收入	1	＋		产品核算统计表中的销售额合计
直接成本	2	－		产品核算统计表中的成本合计
毛利	3	＝		1 行数据－2 行数据
综合费用	4	－		综合管理费用明细表的合计
折旧前利润	5	＝		3 行数据－4 行数据
折旧	6	－		盘点盘面上折旧数据
支付利息前利润	7	＝		5 行数据－6 行数据
财务收入/支出	8	＋/－		支付借款、高利贷利息和贴息计入财务支出
其他收入/支出	9	＋/－		其他财务收支
税前利润	10	＝		7 行数据－（＋）8 行、9 行数据
所得税	11	－		10 行数据为正数时×0.25（结果四舍五入）
净利润	12	＝		10 行数据－11 行数据

利润表中各项的具体含义及作用如下。

① 销售收入：销售收入是指企业在一定时期内销售产品产生的货币收入总额。

$$销售收入＝产品单价×产品销售数量$$

企业沙盘模拟经营中的销售收入就是每年年初投放广告后接到产品销售订单上的销售额总计。

② 直接成本：企业沙盘模拟经营的直接成本就是产品的原材料费用和加工费（具体见规则）。

③ 毛利：毛利是指不扣除其他费用的利润。

④ 综合费用：综合费用就是综合管理费用明细表的合计。注意，在建的生产线不需

要维护费,但一旦安装完毕投产就需要 1M/年的费用。

⑤ 折旧前利润:折旧前利润是指未提折旧前的利润。因为折旧是企业固定资产中一个重要项目,所以需要特别考虑。

⑥ 折旧:折旧是指在固定资产使用寿命内,按照一定的方法对其价值损耗进行系统分摊。随着折旧的计提,固定资产的价值逐年降低。企业沙盘模拟经营规则说明,当年建成和已出售的生产线不计提折旧。为操作方便,厂房不计提折旧。

⑦ 支付利息前利润:支付利息前利润是指支付各种借款利息前的利润。

⑧ 财务收入/支出:财务收入一般是指款项存入银行的利息收入。支出是指因为各种融资方式产生的成本,如贷款利息等。

⑨ 其他收入/支出:其他收入主要是指变卖生产线的收入,其他支出主要是指罚款的支出。

⑩ 税前利润:税前利润是指未扣除所得税之前的利润。

⑪ 所得税:所得税是指国家对法人、自然人和其他经济组织在一定时期内的各种所得征收的一类税收。和其他税种一样,具有强制性。企业沙盘模拟经营规则中,有几种情况要特别注意:

a. 当年税前利润为正数,且以前年度没有亏损,按照所得税税率缴纳所得税。

b. 当年税前利润为零或负数,不用缴纳所得税。

c. 当年税前利润为正数,但是以前年度有亏损,弥补亏损部分不需要缴纳所得税,直至权益达到初始状态(一般为 60M),超过 60M 后的利润需要按照所得税税率缴纳所得税。

⑫ 净利润:与税前利润相比,净利润是缴纳所得税之后的利润,又称纯利润,体现了一个企业经营的最终成果。净利润高,代表企业的经营效益就好;反之,企业的经营效益就差。企业经营者应注重净利润数据。

(3) 编制资产负债表,如表 2.19 所示。资产负债表中各项目的具体含义及作用如下。

表 2.19 第( )年资产负债表

资产	年初	本年(数据来源)	负债+所有者权益	年初	本年(数据来源)
流动资产:			负债:		
现金	+	盘点现金库中现金	长期负债	+	超过一年到期的长期贷款
应收账款	+	盘点应收账款	短期负债	+	盘点短期贷款
在制品	+	盘点线上的在制品	应付账款	+	盘点应付账款
产成品	+	盘点库中成品	应交税金	+	根据本年度利润表中的所得税填列
原材料	+	盘点原料库中原料	一年到期的长期贷款	+	盘点一年到期长期贷款
流动资产合计	=	以上五项之和	负债合计	=	以上五项之和
固定资产:			所有者权益:		
土地和建筑物	+	厂房价值之和	股东资本	+	股东不增资的情况下为 60M
机器设备	+	设备净值之和	利润留存	+	上一年利润留成+上一年年度净利润

续表

资产		年初	本年(数据来源)	负债+所有者权益		年初	本年(数据来源)
在建工程	+		在建设备价值之和	年度净利润	+		利润表中净利润
固定资产合计	=		以上三项之和	所有者权益	=		以上三项之和
总资产	=		流动资产＋固定资产	负债+权益	=		负债+所有者权益

① 流动资产，是企业资产中容易变现的部分，如现金、应收账款等。

② 现金，是流动资产中最容易变现的部分(本身就已经是现金)，但是，财务中所指的"现金"不是平时所说的现钞，还包括银行存款、其他货币资金等，在企业沙盘模拟经营中就是指现金库中的现金。

③ 应收账款，是企业应该向客户方收取但是还没有收到的款项，企业沙盘模拟经营中的应收账款分四季。按照订单上的账期显示数放入相应的位置，每操作一季往前移动一季的位置，代表离收款变现又近了一季。

④ 在制品，生产线上正在加工的未完工产品，不能以商品的价值出售。注意，对于在制品应计算其价值，而不是计算其个数。

⑤ 产成品，已经完工入产品库的产品，可以按照订单上所示的销售额出售。产成品也是计算其价值，而不是计算其个数。

⑥ 原材料，就是原料和材料，在企业沙盘模拟经营中有R1、R2、R3、R4四种原材料，每个原材料价值1M。

⑦ 固定资产，在生产过程中可以长期发挥作用，长期保持原有的实物形态，但其价值随着企业生产经营活动而逐渐地转移产品成本中去，并构成产品价值的一个组成部分。企业经营沙盘中的固定资产有大小厂房、生产线等。

⑧ 土地和建筑物，大小厂房价值之和。

⑨ 机器设备，在企业沙盘模拟经营中主要就是指各种已经建成生产线的价值。

注意，在编制报表的时候不能计算生产线原值，要计算减去当年计提的折旧以后的价值(即净值)。生产线提折旧至残值时将不再继续计提，生产线可以使用，但每年仍然需要缴纳维护费。

⑩ 在建工程，在企业沙盘模拟经营中主要就是指未建好的生产线已投资的价值。

⑪ 长期负债和短期负债，区别这两种贷款的标准就是时间，前者是贷款期超过一年的贷款，后者是贷款期在一年以内的贷款。

⑫ 应交税金，是每年要向国家缴纳的各种税金，企业沙盘模拟经营中仅指所得税。注意，当年的数据是填写去年的应交税金数额。

⑬ 一年内到期的长期贷款，提醒企业经营者，企业有长期贷款临近还款期，要安排好资金，一年内应有足够的现金偿还，避免资金断流。

⑭ 股东资本，是股东投入企业的资金，用于企业运营等。在股东增资或合法减资的情况下，股东资本会有调整。在企业沙盘模拟经营中，为简化操作，一般没有股东资本的增减调整。

⑮ 利润留存，是指企业生产经营所获得的，留存在企业尚未以股利形式分配给股东

的利润。留存利润是企业历年累积起来的,故又称累积资本。

▶ 3. 融资策略

在企业经营沙盘中,由于不同融资方式的资金成本及财务风险有所不同,所以模拟企业应计算并比较不同融资方式的资金成本及财务风险,进而选择适合企业的融资方式以及确定不同融资方式的融资比例。既要保证融资的综合资金成本较低,又要控制企业的风险水平,这样才能以最经济的方式获取所需资金,并且保证在债务到期时能够及时偿还,而不至于由于债务安排得不合理,出现无法偿贷的财务危机。

各种融资方式的资金成本与财务风险比较如表 2.20 所示。

表 2.20 各种融资方式的资金成本与财务风险比较

融资类型	资金成本	财务风险
短期贷款	最低	最高
长期贷款	一般	较低(偿还期最长)
资金贴现	较高	低

(1) 长期融资策略。企业进行长期贷款一般是为满足长期投资的需要。在企业沙盘模拟经营训练中,常用的长期融资策略是在第一年就把长期贷款全部贷满,以备以后 6 年长期投资资金的使用。是否采用这种策略需要考虑以下因素。

① 长期贷款的成本相对较高,如果增加长期贷款 60M,长期贷款总额为 100M,每年利息支出是 10M,增加了企业的固定费用。当然如果企业能用带来的资金扩大产能,例如可以多购买 3~4 条生产线,生产的产品又能接到订单并销售出去,获利还是远大于利息费用的。

② 如果长期融资所获得的资金并不用于扩大产能,或扩大产能后,产品不能销往市场,那么企业就可能因为成本高而导致亏损,最后可能破产。

③ 一般在预计次年权益下降使可以贷款额度降低到需要贷款边界的情况下,才提前进行长期贷款。否则,应在按计划需要贷款的年度才进行贷款。

④ 一定要充分认识到,如果集中在第一年贷款太多,那么长期贷款到期后,企业还贷的压力和风险比较大。

(2) 短期融资策略。短期融资主要用于流动资产投资和企业日常经营的必要资金等用途,短期贷款的年利息率为 5%,融资成本是所有融资方式中最低的。这种融资方式的贷款期限为 1 年,1 年后还本付息。

短期融资的策略如下:

① 通过制订各部门计划和财务预算确定融资计划,即每季度的季初现金加上本期短期贷款资金应能维持到更新应收款之前的支出,通过精细计算确定需要融资的时点和额度;

② 融资应根据企业资金的需要,分期进行短期贷款,不要安排在一个季度里,这样可以减轻企业的还款压力;

③ 期末现金应大于下季季初要还的短期贷款本息。因为短期融资是先还到期的贷款和利息,再进行新贷款,所以每次进入下一季度前,一定要先检查季度末现金是否足够偿

还下一季度初的短期贷款。

总之,在制定融资策略时,不仅要考虑节约财务费用,还要考虑融资时点、融资风险和贷款的额度等制约因素,还应考虑企业融资是否最大限度地满足企业发展的必要、融资的成本是否最低、资本是否充分利用、效益是否最高。好的融资策略需要综合考虑各方面的因素,各种融资方式搭配应用。

▶ 4. 财务分析

模拟企业编制的资产负债表和利润表到底告诉经营者怎样的信息?怎样才能更好地利用财务报表?对财务报表中的数据进行分析时,一般可以从偿债能力、营运能力和盈利能力这三个基本财务指标着手。

(1) 偿债能力分析。前面已介绍过,为了有足够的资金运作企业,经营者要运用各种融资手段,但各种贷款要在一定期限内还本付息,模拟企业需分析企业的偿还债务能力。

① 短期偿债能力分析指标有以下几个。

a. 流动比率:

$$流动比率 = \frac{流动资产}{流动负债}$$

一般来说,合理的流动比率为2,在企业经营沙盘中,流动资产不仅包括现金,还有应收账款、存货(原材料、在产品和库存商品),其中存货的变现能力比较差。而流动负债则包括短期贷款、应交税金两项。一般情况下,流动性相对强的流动资产(现金和应收账款)至少要等于流动负债才是安全的。

b. 速动比率:存货的偿债能力弱,真正具备高偿债能力的是现金与应收账款部分,所以,速动比率是指将存货部分从流动资产中去除的偿债能力。

$$速动比率 = \frac{流动资产 - 存货}{流动负债}$$

合理的速动比率为1。因为变现能力强的现金与应收账款必须大于或等于流动负债,否则,企业便可被判断为短期偿债能力偏低,不安全。

在企业沙盘模拟经营对抗中,现金是最具流动性的,所以,应收账款的变现就成为经营者应该重点关注的因素。由企业沙盘模拟经营规则可知,除零账期订单,其他销售订单应收账款的账期为1~4季,因为应收账款不能用于抵债,当企业应收账款到账期大于流动负债的偿还期,风险也就显现出来了。若企业没及时发现并采取相应措施,就不得不采用贴现的方式提前变现而承担贴现成本。

c. 现金比率:

$$现金比率 = \frac{流动资产 - 存货 - 应收账款}{流动负债}$$

现金比率反映流动负债的绝对偿债能力,但这个指标并不意味着企业要留有大量现金,而是要控制在现金的合理数量,如果一味保守,不适时投资新生产线、产品研发和新市场开拓,企业将因为发展受限而遭受损失甚至导致破产。

② 长期偿债能力分析指标。超过1年以上偿还期的贷款为长期贷款,企业沙盘模拟经营规则规定,长期贷款只能在每年年初进行,贷款总数额不能超过上年所有者权益的3倍。年利率为10%,每年年初付息,到期还本。

a. 资产负债率：

$$资产负债率 = \frac{负债总额}{资产总额} \times 100\%$$

资产负债率反映企业在营运过程中，所用资金有多少是举债所得，企业经营者可以通过分析该指标，了解负债总额与资产总额的比例，并与投资报酬率相比，从而判断企业的借款是否维持在一个合理的水平，债权人能了解自己放出的贷款到期能否顺利收取本金和利息。

b. 产权比率：

$$产权比率 = \frac{负债总额}{股东权益} \times 100\%$$

产权比率反映债权人提供的资本和股东提供资本的相对关系。债权人是指依合同约定或者法律规定有权向债务人主张清偿权利的人；股东是股份公司或有限责任公司中持有股份的人，有权出席股东大会并有表决权，也指其他合资经营的工商企业的投资者。产权比率越高，说明风险越高，报酬也就越高；反之，产权比率较低，说明风险较低，报酬也较低。

c. 已获利息倍数：

$$已获利息倍数 = \frac{息税前利润}{利息费用}$$

息税前利润是指利润表中显示的尚未扣除利息费用和企业所得税的那部分利润，反映企业息税前利润是所要支付的债务利息的倍数。这个指标值足够大，说明企业有足够大的能力偿还利息。由于各模拟企业的经营策略和发展方向不同，会产生生产线购置、开拓新市场、研发新产品、ISO 认证、投放广告费等费用，企业增加贷款使利息费用增加和企业的息税前利润因为费用过大而降低会使已获利息倍数比率下降，这时模拟企业要设法在短期内提高产能、扩大销售，提高企业利润，从而提高已获利息倍数指标，降低利息支付的压力。

（2）营运能力分析。营运能力反映了企业在资产管理方面效率的高低。用于分析营运能力的主要指标有应收账款周转率、存货周转率和资产周转率等。

① 应收账款周转率：

$$应收账款周转率 = \frac{销售收入}{平均应收账款}$$

应收账款周转率反映应收账款流动变现的速度。一般来说，应收账款周转率越高，其平均周转期就越短，应收账款转为现金的速度也越快。

② 存货周转率：

$$存货周转率 = \frac{销售成本}{平均存货}$$

存货周转率是企业一定时期销售成本与平均存货余额的比率，反映存货的周转速度，即存货的流动性及存货资金占用量是否合理，促使企业在保证生产经营连续性的同时，提高资金的使用效率，增强企业的短期偿债能力，是反映企业购、产、销平衡效率的一种尺度。存货周转率指标值越高，表明企业存货资产变现能力越强，存货及存货占用的资金的周转速度越快。

例如，假设企业经营沙盘某年度末的销售成本为 12M（6 个 P1 产品需要 2M×6＝12M 的成本），存货期初数为 17M，期末数为 16M，可以得出 12÷[(17＋16)÷2]≈0.73，365÷0.73＝500（天），意味着次年度存货的平均周转天数达到 500 天，即企业存货需 1 年半时间才可周转。上面的分析可以发现，该企业产成品库存很大，积压了大量商品。因此，在以后模拟经营年度提高存货周转率是很必要的。

③ 资产周转率：

$$资产周转率 = \frac{销售收入}{平均资产总额}$$

资产周转率越高，说明周转速度越快，销售能力越强。因为单纯从资产负债表上来看，资产数值很高也不能说明企业情况一定良好。如果企业积压了大量产成品卖不出去，资产数值也很高，此时的情况其实是很不乐观的。

（3）盈利能力分析。开办企业的最终目的是利润最大化，盈利能力反映了企业赚取利润的能力。用于分析盈利能力的常用的指标主要有销售利润率、资产利润率和净资产收益率等。

① 销售利润率：

$$销售利润率 = \frac{净利润}{销售收入} \times 100\%$$

净利润是扣除利息费用并缴纳企业所得税后的利润，也称纯利。

② 资产利润率：

$$资产利润率 = \frac{净利润}{平均资产总额} \times 100\%$$

资产利润率说明企业资产利用的综合指数。该指标越高，表示资产利用率越高。

③ 净资产收益率：

$$净资产收益率 = \frac{净利润}{平均净资产} \times 100\%$$

净资产收益率反映公司所有者权益的投资回报率。

2.4.5 总经理

总经理是一个企业的操盘者、灵魂人物、业务执行的最高责任人，一个企业的发展方向和业绩在很大程度上取决于总经理的战略决策。在现实社会中，有很多企业愿意高薪聘请高素质的人才担任总经理一职，旨在期望其带领企业获得更高的利润。

一般而言，每个模拟企业有 5 名成员，由谁担任何种角色可以从各自所学的专业和性格特点考虑。例如，担任总经理的多为工商管理专业的学生，有较强的组织协调能力，性格较为外向、积极。在企业沙盘模拟经营实战中，总经理需要督促各部门总监并指导他们工作，使本企业成员形成默契的团队合作。

在企业沙盘模拟经营中，模拟企业的起始资源是有限的，总经理不但要和财务总监一起考虑如何运用有限的资金，还要做好开拓新市场、研发新产品的规划，只有全面考虑影响公司发展的内外部综合因素才能成为最后的赢家，而这些要建立在充分了解企业内部条件与企业外部环境的基础上。

1. SWOT 分析

运用 SWOT 分析法主要帮助总经理分析和制定相应的发展战略。

总经理首先要进行环境因素分析,构建 SWOT 矩阵,制订相应的行动计划。制订行动计划的基本原则是:发挥优势因素,克服弱势因素,利用机会因素,化解威胁因素,而且要考虑过去,立足当前,着眼未来。运用系统分析方法,将各种环境因素相互匹配起来加以组合,得出一系列公司未来发展的可选择对策。

2. 运用企业战略

企业战略是指在市场经济条件下,企业为谋求长期生存和发展,在充分分析外部和内部条件的基础上,对企业主要目标、经营方向、重大经营方针、策略和实施步骤,做出长远、系统和全局的谋划。首先要在对环境分析的基础上,确定企业长期的目标;然后决定生产什么,在哪个时期进入或退出,支持或限制哪些业务领域;最后确定经营策略。可以选择的企业战略如下。

(1) 先发制人战略。第一年就以大额广告策略夺得销售额较高的订单,并利用这种优势积极开发新产品、开拓新市场,成功实现 P1 向 P2、P2 向 P3 或 P4 主流产品的过渡。同时,筹集大量资金投资生产能力大的全自动或柔性生产线。在竞争中始终保持主流产品销售量和综合销量第一,并以巨大的产能一直采用大额广告策略争夺更多销售订单。在整个经营过程中保持权益最高,使对手望尘莫及,最终夺得头筹。

(2) 先屈后伸战略。前 1~2 年谨小慎微,缩小广告投入,减慢研发速度,背地里却摩拳擦掌,多建设备,多储备资金,蓄势待发;中期大刀阔斧,突飞猛进。这种战术颇有道理,符合市场前期量小,中后期量大的特点,往往能产生石破天惊的奇效,但要注意掌握好转折的时机和注意维持前 1~2 年的存活空间。

(3) 后发制人战略。前期平淡无奇,最后 1~2 年突发奇兵,如占领国际市场、卖出大量产品或开发和生产出高价产品等,从而大幅度提高权益。采用该战略可麻痹对手,使其产生错误的判断,放慢脚步,裹足不前,自己则出奇制胜。但采用该战略只能实现短期冲高,上扬幅度有限,且若遇同样战术者必然两败俱伤。

(4) 规避竞争战略。此战略尽量减少与其他企业的竞争,如别人不要国际市场,则自己占领之;别人不生产某产品,则自己生产之。采用该战略缺少对竞争对手的遏制,且开发的是非主流市场或产品,开发时不是费用大就是周期长,因此也容易导致失败。

(5) 专营战略。专营战略以一种产品为主进行广告投放,减少广告费用支出,同时也可减少开发费用以及其他开销。此战略可集中全力参与竞争,但竞争面狭窄,没有考虑产品的生命周期和市场需求量等因素,不易取得市场领导者的地位。

2.4.6 综合分析工具

1. 竞争对手分析

在企业沙盘模拟经营中,为了要在竞争中脱颖而出,获取竞争的胜利,就必须获取市场以及竞争对手的相关信息。例如,在确定广告投放方案时,就需要知道该市场该产品的总需求,生产该产品的企业有哪些,这些企业的产能如何、该产品库存情况、企业资金情况等,以提高企业的广告投入效益。收集竞争情报是在企业沙盘模拟经营过程中需要做的一件事,也是企业开展后续工作的基础。现代企业要参与激烈的商业竞争,也必须要获取相关的内外部信息。在企业沙盘模拟经营过程中,可以通过观察对手的盘面,根据对手广告投放选单的情况来分析竞争对手的情况。

在企业沙盘模拟经营中,一般需要收集竞争对手的生产情况、研发情况、市场开拓情况、销售情况、财务情况等方面的信息。比较全面的竞争对手情报需求如表2.21所示。

表2.21 竞争对手情报需求表

项 目	主 要 内 容
生产情况	1. 正在生产的产品(P1、P2、P3、P4) 2. 在制品及库存产品品种和数量 3. 生产线类型及数量(正在建设的生产线应注明建设期) 4. 原材料采购情况
研发情况	1. 已研发完毕和正在研发的产品 2. ISO资格认证开发情况
市场开拓情况	1. 已开拓完毕的市场 2. 正在开拓的市场
销售情况	1. 销售产品类型及数量单价和销售额 2. 各公司所占的产品和各市场的市场份额 3. 广告投放情况
财务情况	1. 资产情况(现金、应收账款数量及账期、生产线净值、原材料价值、厂房价值) 2. 负债情况(长期贷款、短期贷款及应付账款情况) 3. 损益情况(年度净利润、应交税金、所有者权益)

收集的竞争信息情报主要为企业经营决策服务。例如,企业在经营中期要决定研发P3或P4策略时,需要调查其他模拟企业的已经研发的产品情况,以及可能进入研发P3或P4的公司情况,进而决定企业的后期研发策略。企业重要决策需要的信息情报如表2.22所示。

表2.22 企业重要决策需要的信息情报表

决 策 内 容	需要的竞争对手的信息内容
投放广告决策	1. 在制品及库存产品品种和数量 2. 生产线类型及数量 3. 各产品的产能情况 4. 已研发完毕和正在研发的产品 5. ISO资格认证开发情况 6. 已开拓完毕市场 7. 往年广告投放情况 8. 对手期末的现金数

续表

决策内容	需要的竞争对手的信息内容
市场开拓决策	1. 对手已开拓完毕的市场 2. 对手正在开拓的市场 3. 竞争对手在各市场生产各产品的产能
研发产品决策	1. 对手已研发完毕和正在研发的产品 2. 对手生产各产品的生产能力 3. 对手的资金状况
购置新生产线决策	1. 对手生产各产品的生产能力 2. 对手已有的生产线类型及数量 3. 对手正在建设的生产线类型、数量及生产的产品

获得竞争对手信息的途径一般是参与竞单会和利用年末的间谍时间。

(1) 企业通过参加每年年初的竞单会,至少可以获得以下信息。

① 产品研发情况。因为企业只有在当年已经研发完毕或能够研发完毕该产品,方能在市场上获取订单,所以通过观察企业在各个产品市场的选单情况,就可以确定该公司目前已经研发的产品。例如,通过观察发现某公司在第三年的竞单会上,只在 P1、P2 产品市场出现选择记录,则可以确定目前该公司已经研发的产品是 P1、P2,而 P3、P4 尚未研发或未研发完毕。

② 广告投入情况。从对手选单的顺序可以大概估计对手的广告投放额度。

③ 销售情况。通过观察各公司选单的先后顺序以及事先了解的市场订单情况,就可以初步推断企业销售产品的数量和销售额。

(2) 在企业沙盘模拟经营中,每年经营结束时会给出 5~10 分钟的间谍时间,允许各参赛小组到其他小组去观察其经营盘面。各企业应提前做好准备,如提前分工收集各组的信息以及提前设计好间谍,以便更好地在规定时间获取更准确的信息。表 2.23 和表 2.24 是专门为企业沙盘模拟经营竞争的商业间谍设计的间谍表。

▶ **2. 产销平衡分析**

在新经济时代,市场环境发生了巨大变化,国际竞争日趋激烈,顾客要求日益个性化,产品生命周期不断缩短,片面强调生产或营销都难以支持企业的生存和发展。为了迎接竞争挑战,一种崭新的经营方式正在兴起,这便是营销战略与生产战略的整合。在企业的战略体系中,营销战略和生产战略都是职能战略,对企业战略的实施起重要的支持作用,营销战略与生产战略的整合能为企业创造最佳整体效果,所以,营销战略与生产战略之间应保持一种协调一致的关系。但是由于两部门具有不同的分工和利益,在运作中会产生很多分歧。要解决这些分歧,两者不仅应在企业竞争优势的来源上达成共识,而且还应在部门决策上保持平衡。

企业只有将产品生产出来,才能实现销售。企业也只有准确地计算出每个季度的产能,才能准确地拿单。要达到营销战略与生产战略的平衡,需要营销总监和生产总监共同配合,一起讨论,共同制定发展战略。

表 2.23 企业沙盘模拟经营间谍表
第（ ）年间谍表

小组	产品研发				市场开拓				资格认证		厂房		现金	短期贷款				长期贷款				
	P1	P2	P3	P4	本地区	亚洲	国内	国际	9K	14K	大	小		1Q	2Q	3Q	4Q	1Y	2Y	3Y	4Y	5Y
1组																						
2组																						
3组																						
4组																						
5组																						
6组																						
7组																						
8组																						

表 2.24 企业沙盘模拟经营间谍表
第（ ）年间谍表

小组	生产线情况				产能												
	手工线	半自动生产产品	全自动生产产品	柔性线生产产品	1Q				2Q				3Q				4Q
					P1	P2	P3	P4	P1	P2	P3	P4	P1	P2	P3	P4	P1 P2 P3 P4
1组																	
2组																	
3组																	
4组																	
5组																	
6组																	
7组																	
8组																	

(1) 营销总监应准确预测市场，合理预计销售订单。实际经营中，企业要准确预测市场需求，所以，企业应对市场预测图进行充分的分析，分析各个市场上产品的预计销售数量、预计销售单价、有无销售条件的限制等。为了能准确地进行广告投放，应初步预计可能的订单数量。

在进行市场预测时，为了便于了解各个市场的情况，可以填制市场需求预测统计表，如表2.25所示。

表2.25 市场需求预测统计表

市　　场	第　　年			
	产品	预计总需求量	预计单价	预计订单量
	P1			
	P2			
	P3			
	P4			

(2) 营销总监要收集竞争对手资料。模拟企业应对竞争对手进行充分的了解，根据对手的市场开发预计产品可销售量、资金状况等，分析对手可能采取的市场策略。

通过分析对手的市场开发情况，明确各个市场的竞争状况，可以避免广告费的浪费。例如，在某年只有2个组开发了亚洲市场，则没有必要对亚洲市场投放过多的广告费。对手的市场开发情况一般可以在市场调查时获得。

通过对对手的产量情况进行分析，可以了解各种产品在市场上的竞争激烈程度。不仅可以有针对性地投放广告，更重要的是可以为生产和营销平衡提供关键的信息。

对对手的产量分析，可以从对手的生产线、产品开发、资金状况等方面着手，将分析的结果填制在产品产量预测表中，如表2.26所示。

表2.26 产品产量预测表

产品名称		1 组	2 组	3 组	4 组	5 组	6 组	……	合　计
P1	期初库存								
	预计完工								
	合计								
P2	期初库存								
	预计完工								
	合计								
P3	期初库存								
	预计完工								
	合计								
P4	期初库存								
	预计完工								
	合计								

(3) 生产总监做好产能规划。对比表 2.25 的每个产品的总需求量和表 2.26 的每个产品预测的产量合计,如果某产品的总需求大于所有企业的产量合计,那么企业可以考虑适当扩大产能,企业生产某种产品的产能最好不要超出具备生产该产品资格的企业数的平均需求数量太多,否则会面临激烈的市场竞争。如果某产品的总需求小于所有企业的产量合计,那么企业的短期策略是增加广告投入量。

如果预计某产品的总需求会长期小于所有企业的产量合计,那么企业应该考虑以下两个策略。

第一个策略是把一些生产线转产其他产品,或变卖一些生产线。否则,就算短期内提高广告投入获得了足够的销售订单,因为对手没有获得足够的订单,就会在下一年度大幅度增加广告投入,让本企业竞争不到订单而产生较大量的库存,而为了清理这些库存,必然又会增加广告投入。如此循环,生产该产品的企业都会面临困境,最后让不生产这种产品的对手获胜。

第二个策略是在当期以较高的广告投入获得订单后,预计对手有较多库存,并且资金已经比较紧张,所以在下一个年度以更高的广告投入获得更优势的订单,让对手产生更多的产品积压,最后使对手破产或资金断流,而使产能和市场需求得到平衡。

▶ 3. 盈亏平衡分析

盈亏平衡分析也称量本利分析法,是通过分析企业生产成本、销售利润和产品数量三者之间的关系,掌握盈亏变化规律,可以指导企业选择获得最大利润的经营方案。

盈亏平衡分析,首先把企业的生产总成本分为固定成本和变动成本(沙盘中又称为直接成本)。固定成本是指成本总额在一定时期和一定业务量范围内不受业务量增减变动影响而固定不变的成本,如固定资产折旧费、办公费等。直接成本是指成本总额在一定时期和一定业务量范围内随业务量增减变动而成正比例增减变动的成本,如直接用于产品生产的原材料、燃料和计件工资等。盈亏平衡分析法常用来进行盈亏平衡分析和经营安全状况分析。

(1) 盈亏平衡方程式。在不考虑销售税金的情况下,量、本、利三者之间的关系可以用公式表示为

$$销售额 = 销售单价 \times 销售量$$
$$总成本 = 固定成本 + 单位产品直接成本 \times 销售量$$
$$利润 = 销售单价 \times 销售量 - 总成本$$

销售收入、成本和利润三者之间的关系如图 2.46 所示。

由盈亏平衡图可以看出,企业销售收入与销售量成正比,在销售价格一定的情况下,销售量越多,则企业销售收入越大;企业的利润随着销售量的增减而增减,要达到预期的利润目标,必须以一定的销售量为基础。但销售量不仅受企业自身生产能力的影响,而且还受市场销售状况的制约。企业生产多少产品最能体现其生产能力和市场需求、什么样的产量水平才能保证不亏损、价格维持在什么水平最好等问题,是盈亏平衡分析的主要内容。

(2) 边际贡献分析:

$$边际贡献 = 销售收入 - 直接成本$$

边际贡献是进行产品生产决策的一个十分重要的指标,也是人们通常所说的产品毛利。

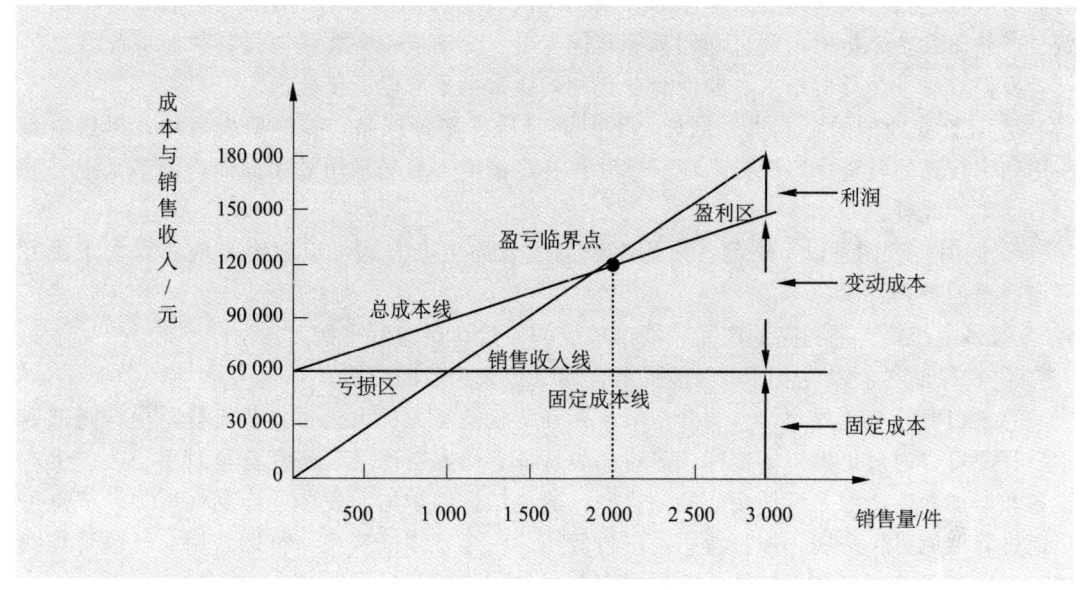

图 2.46　盈亏平衡图

$$边际贡献率 = \frac{边际贡献}{销售收入} \times 100\%$$

$$加权边际贡献率 = \frac{\sum 各产品边际贡献}{\sum 各产品销售收入} \times 100\%$$

(3) 盈亏平衡点分析。盈亏平衡点是企业的生产经营活动处于不盈不亏的保本状态，当销售量大于盈亏平衡点的销售量时，企业可以获利；当销售量小于盈亏平衡点的销售量时，企业出现亏损。盈亏平衡时的销售量计算公式如下：

$$盈亏平衡销量 = \frac{固定成本}{销售单价 - 单位产品直接成本}$$

上面的公式还可以表示为

$$盈亏平衡销量 = \frac{固定成本}{边际贡献率}$$

(4) 经营安全状况分析。盈亏平衡分析法还可以对企业经营安全状况进行分析。企业经营的安全状况可以用经营安全率来表示，计算公式为

$$安全边际 = 正常销售额 - 盈亏临界点销售额$$

$$安全边际率 = \frac{安全边际}{正常销售额} \times 100\%$$

可见，安全边际率越大，说明企业越安全，一般认为，企业经营安全率的范围和判断标准如表 2.27 所示。

表 2.27　企业经营安全状况判断标准

经营安全率	>30%	25%～30%	15%～25%	10%～15%	<10%
经营安全状况	安全	比较安全	不太好	要警惕	危险

利用上述方法可以对企业沙盘模拟经营中的盈亏平衡进行分析。企业沙盘模拟经营中

的固定成本包括行政管理费、广告费、维护费、租金、转产费、市场开拓费、ISO 认证费、产品研发费、折旧、利息和罚款等其他支出。变动成本主要是原材料和加工费用。

根据盈亏平衡分析结果，要使企业获利，通常可采取以下措施。

① 控制企业的固定成本。例如，不要同时研发多种产品，控制研发费用；尽量避免采用利率较高的融资；广告投入应该控制在一定幅度；尽量采用效率高而折旧不是很高的全自动生产线等。

② 同时生产两种以上产品。采用多产品组合的生产方式可以较容易地获得大于盈亏平衡产量的销售订单。

③ 多生产销售毛利高的产品，能以较少的产量达到盈亏平衡点。

④ 在保证资金和销售订单的前提下，尽量扩大企业的产能。

总之，要让企业盈利，就要开源节流，开源就是努力扩大销售，节流就是尽量降低成本。开源可以通过扩大市场范围、进行品牌认证、研发新产品、研究竞争对手、改进生产设备和增加新生产线来增加企业的销售额，通过销售额增加而使企业净利润增加。节流可以通过降低原材料费用、加工费用、广告费用、租金、维修费用、折旧费用、行政管理费用、利息费用、研发费用等使企业的净利润增加。

▶ 4. 成本核算分析

总经理可以根据电子沙盘提供的分析工具对各模拟企业的成本费用效益进行分析，通过分析找出导致企业成本较高的原因，通过改善这些因素找到提高企业效益的经营方式，从而控制企业的成本，提高效益。

成本费用的效益分析应考虑费用的投资效益和费用的成本分摊两个因素。

① 费用的投资效益：

$$费用效益 = \frac{总销售}{该项费用}$$

费用的投资效益反映的是单位费用投资（1M）带来的销售额是多少。例如，广告费用效益表示 1M 广告投资产生的销售额，效益越大，表示投资回报越大。

② 费用的成本分摊：

$$费用成本分摊 = \frac{该项费用}{总销售额}$$

费用的成本分摊是费用的投资效益的倒数，反映的是在单位销售额中，该项费用所占的成本比率。例如，广告费用成本分摊比率为 0.23，说明在 1M 销售额中，广告成本占 23%，分摊越小，成本越低。

(1) 广告费用效益分析。

① 广告效益分析指标。广告投放效果分析就是对广告投入的成本与广告收益的对比进行分析，通常用来分析广告效果的指标是广告投入产出比，其计算公式为

$$广告投入产出比 = \frac{订单销售总额}{广告投入}$$

例如，D 公司在第一年本地 P1 产品市场投入广告 2M，拿到的订单数量为 3，单价为 5M 的订单，则 D 公司的广告投入产出比 = 15÷2 = 7.5，效果还不错。

广告投入产出分析用来比较各企业在广告投入上的差异，反映本企业与竞争对手在广告投入策略上的差异，以警示营销总监深入分析市场和竞争对手，寻求节约成本和较优策

略取胜的突破口。

利用广告投入产出比分析广告投放效果有一定的局限性,在对于主营不同产品的企业之间进行比较意义不大。因为对于生产不同产品的企业之间,虽然其广告的投入产出是一样的,但是由于销售额是包括产品成本在内的,不同产品的成本不同,给企业带来的利润也不同,自然企业的广告效益也应该不同,但是如果用广告投入产出比进行分析,得出的结论却是广告投入效果是相同的。

鉴于以上缺陷,可以采取广告毛利率作为分析广告效果的指标,其计算公式为

$$广告毛利率 = \frac{订单毛利}{广告投入}$$

这样即使生产不同产品的企业也可以直接进行比较,且可以直接通过该指标看出该项投入是否能为企业带来利润。

② 广告费用的成本分摊:

$$广告成本分摊 = \frac{累计广告投入总额}{累计销售收入总额}$$

③ 广告费用效益不好的原因分析如下。

a. 市场定位不清晰。模拟企业没有进入毛利大、需求量大的市场,订单不足,单位产品毛利又不高,导致销售额不高,相对广告费用成本过高。

b. 产品定位不清晰。企业有限的生产能力主要用于生产毛利小的产品,造成广告费用的成本过高。

c. 对竞争对手分析不足。模拟企业经营者没有对竞争对手的生产能力和可以提供市场的产品进行细致的分析,或者盲目地去竞争"标王",导致广告费用成本过高。

d. 缺乏费用预算控制。广告费用在财务预算的时候没有控制在销售额的一定百分比范围内,广告投入具有一定的盲目性,导致广告的成本费用过高。

模拟企业需要从以上几个方面进行改善,争取以最小的广告投入来获得价格适当、能满足企业产能的销售订单。

(2) 研发费用效益分析。

① 研发费用效益分析指标。研发费用效益分析就是对研发投入的成本费用与研发效果的对比分析,其计算公式为

$$研发费用效果分析 = \frac{某产品累计销售收入}{该产品研发投入}$$

为了对比不同产品的研发费用效果,也可以采取毛利率作为分析研发效果的指标,其计算公式为

$$研发效益毛利率 = \frac{某产品累计毛利}{该产品研发投入}$$

② 研发费用成本分摊:

$$研发费用成本分摊 = \frac{某产品研发费用总投入}{该产品累计销售收入}$$

③ 研发费用效益不好的原因分析如下。

a. 产品定位不准。模拟企业未对产品进行盈亏平衡点分析,对产品生命周期的思考不清晰。

b. 资源使用过于分散。模拟企业对产品生命周期思考不清晰，经营上体现的是"遍地开花"，同时研发多个产品，受产能局限，每种产品的产能很小所以研发费用效益不高。每年经营必须考虑主打的现金牛产品，集中优势资源对优势产品进行逐个突破。如果所有产品都不放弃，同时开工生产，势必造成每个产品的经营效果都不佳，研发成本过高。

由以上分析可以看出，研发效益提高的思路应是在不同时期选择毛利最高的产品为主打产品。

(3) 维修费、租金和转产费用效益分析。

① 维修费、租金和转产费用效益分析指标。维修费、租金和转产费用效果分析就是对维修费、租金和转产费用与模拟企业的经营效果的对比分析，其计算公式为

$$维修费、租金和转产费用效果分析 = \frac{累计销售收入总额}{维修费、租金和转产费用累计总额}$$

② 维修费、租金和转产费用成本分摊：

$$维修费、租金和转产费用成本分摊 = \frac{维修费、租金和转产费用累计总额}{累计销售收入总额}$$

③ 维修费、租金和转产费用效益不好的原因分析如下。

a. 缺乏生产线投资回报意识。例如，所有生产线维护费用都是1M，但每年手工生产线产能只有1.33个，全自动生产线产能是4个。产品、销售额分摊1M维护费用时，全自动生产线的成本一定是手工生产线的1/3。

b. 误解资产与费用的关系。许多学员认为在企业沙盘模拟经营经营中"租厂房"更合适，其理由是租小厂房的租金只有每年3M，6年累计是18M，而小厂房的购买价格为30M。其实，购买厂房属于将流动资金转换为固定资产，并没有形成成本费用，而租金是费用，将记入成本。由于这种误解，造成许多模拟企业的租金成本很大，利润不高。

c. 全自动和半自动生产线转产费用太高。全自动和半自动生产线转产需要一定的转产费用和转产周期，有些模拟企业在进行生产线建设的时候没有进行深入的分析，或因为市场拿单不足，生产线经常转产，导致生产线转产费用居高不下。

由以上分析可以看出，提高维护费用效益的思路应当是"淘汰"产能低的生产线，特别是手工生产线；租金费用效益提升的思路应当是充分利用融资手段，在资金充裕的情况下，适当考虑购买厂房，降低租金；生产线转产费用效益提升的思路是做好生产线建设规划，全自动和半自动生产线尽量不转产，仅对柔性生产线进行转产。

(4) 直接成本效益分析。

① 直接成本效益分析指标。直接成本效益分析就是直接成本费用与模拟企业的经营效果的对比分析，其计算公式为

$$直接成本效益分析 = \frac{累计销售收入总额}{直接成本费用累计总额}$$

② 直接成本费用分摊：

$$直接成本费用分摊 = \frac{直接成本费用累计总额}{累计销售收入总额}$$

③ 直接成本费用效益不好的原因主要是选单时忽略订单价格。多数模拟企业在选订单时，对订单的价格因素考虑不够，特别是产品库存大量积压时选单往往倾向于考虑订单数量，资金紧张时倾向于考虑应收款期限较短的订单，而很少会考虑单价高、毛利大的订单。

由以上分析可以看出，提高直接成本效益的思路是使用全自动生产线生产"高端产品"，选择订单应考虑销售单价因素。

(5) 利息贴现费用效益分析。

① 利息贴现费用效益分析指标。利息贴现费用效益分析就是对利息贴现费用与模拟企业的经营效果的对比分析，其计算公式为

$$利息贴现费用效益分析 = \frac{累计销售收入总额}{利息贴现费用累计总额}$$

② 利息贴现费用分摊：

$$利息贴现费用分摊 = \frac{利息贴现费用累计总额}{累计销售收入总额}$$

③ 利息贴现费用效益不好的原因分析如下。

a. 融资策略失当。各种贷款中利息最低的是短期贷款。如果没有做好资金链规划，没有"财务杠杆"意识，过多地进行长期贷款，甚至高利贷，利息费用势必很大。

b. 现金流控制失当。模拟企业未能充分做好资金预算，或做好了预算但缺乏资金流控制意识。在现金流"危机"时过多地使用贴现，造成模拟企业贴现成本很大。

由以上分析可以看出，提高财务费用效益的思路是做好企业融资的前瞻规划和资金链的实时控制。

(6) 行政管理费用效益分析。

① 行政管理费用效益分析指标。行政管理费用效益分析就是对行政管理费用与模拟企业的经营效果的对比分析，其计算公式为

$$行政管理费用效益分析 = \frac{累计销售收入总额}{行政管理费用累计总额}$$

② 行政管理费用分摊：

$$行政管理费用分摊 = \frac{行政管理费用累计总额}{累计销售收入总额}$$

③ 行政管理费用效益不好的原因分析：行政管理费用效益不好的因素只有1个——销售额太低。因为各组的行政管理费用是相同的，每年4M。销售额大，则分摊比例小。一个企业规模做大了，实现了规模效益，各项固定成本的分摊比率自然降低。

由以上分析可以看出，降低行政管理费用成本分摊的思路就是扩大销售规模。

2.5 经营手册

(1) 该部分所列的内容由各岗位人员根据自己的职责进行选择性填写，如总经理选择填写企业经营过程控制/监督表。

(2) 灰色部分不需要填写。

(3) 从上到下，从左到右依次填写。

(4) 所有内容必须以企业真实发生的业务为依据。

企业经营过程控制/监督表

（　　　　　）公司总经理

起 始 年

企业经营流程 （请按顺序执行下列各项操作）		由 CEO 指挥团队成员运行起始年，每完成一项操作，在相应的方格内画钩。				
年初		新年度规划会议				
		参加订货会/登记销售订单				
		制订新年度计划				
		支付应付税				
		支付长期贷款利息/更新长期贷款				
		申请长期贷款				
1	季初现金盘点					
2	还本付息/更新短期贷款					
3	更新生产/完工入库					
4	生产线完工/转产完工					
5	申请短期贷款					
6	更新原材料库/更新原材料订单					
7	下原材料订单					
8	购置厂房					
9	投资新生产线/变卖生产线/生产线转产					
10	向其他企业购买原材料/出售原材料（组间交易）					
11	开始下一批生产					
12	在建生产线					
13	更新应收款/应收款收现					
14	向其他企业购买成品/出售成品（组间交易）					
15	按订单交货					
16	厂房处理（卖出/退租/租转买）					
17	产品研发投资					
18	新市场开拓					
19	ISO 认证投资					
20	支付行政管理费					
21	支付租金					
22	检测产品开发完成情况					
23	检测新市场开拓，ISO 资格认证完成情况					
年末		支付设备维修费				
		计提折旧				
		违约扣款				
		期末现金对账				
随时进行		贴现				
		紧急采购				
		出售库存				
		厂房贴现				

第 一 年

企业经营流程 (请按顺序执行下列各项操作)		CEO指挥团队成员具体执行每一项操作，每完成一项操作，在相应的方格内画钩。				
年初	新年度规划会议					
	参加订货会/登记销售订单					
	制订新年度计划					
	支付应付税					
	支付长期贷款利息/更新长期贷款					
	申请长期贷款					
1	季初现金盘点					
2	还本付息/更新短期贷款					
3	更新生产/完工入库					
4	生产线完工/转产完工					
5	申请短期贷款					
6	更新原材料库/更新原材料订单					
7	下原材料订单					
8	购置厂房					
9	投资新生产线/变卖生产线/生产线转产					
10	向其他企业购买原材料/出售原材料(组间交易)					
11	开始下一批生产					
12	在建生产线					
13	更新应收款/应收款收现					
14	向其他企业购买成品/出售成品(组间交易)					
15	按订单交货					
16	厂房处理(卖出/退租/租转买)					
17	产品研发投资					
18	新市场开拓					
19	ISO认证投资					
20	支付行政管理费					
21	支付租金					
22	检测产品开发完成情况					
23	检测新市场开拓，ISO资格认证完成情况					
年末	支付设备维修费					
	计提折旧					
	违约扣款					
	期末现金对账					
随时进行	贴现					
	紧急采购					
	出售库存					
	厂房贴现					

第 二 年

	企业经营流程 (请按顺序执行下列各项操作)	CEO指挥团队成员具体执行每一项操作,每完成一项操作,在相应的方格内画钩。			
年初	新年度规划会议				
	参加订货会/登记销售订单				
	制订新年度计划				
	支付应付税				
	支付长期贷款利息/更新长期贷款				
	申请长期贷款				
1	季初现金盘点				
2	还本付息/更新短期贷款				
3	更新生产/完工入库				
4	生产线完工/转产完工				
5	申请短期贷款				
6	更新原材料库/更新原材料订单				
7	下原材料订单				
8	购置厂房				
9	投资新生产线/变卖生产线/生产线转产				
10	向其他企业购买原材料/出售原材料(组间交易)				
11	开始下一批生产				
12	在建生产线				
13	更新应收款/应收款收现				
14	向其他企业购买成品/出售成品(组间交易)				
15	按订单交货				
16	厂房处理(卖出/退租/租转买)				
17	产品研发投资				
18	新市场开拓				
19	ISO认证投资				
20	支付行政管理费				
21	支付租金				
22	检测产品开发完成情况				
23	检测新市场开拓,ISO资格认证完成情况				
年末	支付设备维修费				
	计提折旧				
	违约扣款				
	期末现金对账				
随时进行	贴现				
	紧急采购				
	出售库存				
	厂房贴现				

第 三 年

	企业经营流程 （请按顺序执行下列各项操作）	CEO指挥团队成员具体执行每一项操作，每完成一项操作，在相应的方格内画钩。			
年初	新年度规划会议				
	参加订货会/登记销售订单				
	制订新年度计划				
	支付应付税				
	支付长期贷款利息/更新长期贷款				
	申请长期贷款				
1	季初现金盘点				
2	还本付息/更新短期贷款				
3	更新生产/完工入库				
4	生产线完工/转产完工				
5	申请短期贷款				
6	更新原材料库/更新原材料订单				
7	下原材料订单				
8	购置厂房				
9	投资新生产线/变卖生产线/生产线转产				
10	向其他企业购买原材料/出售原材料(组间交易)				
11	开始下一批生产				
12	在建生产线				
13	更新应收款/应收款收现				
14	向其他企业购买成品/出售成品(组间交易)				
15	按订单交货				
16	厂房处理(卖出/退租/租转买)				
17	产品研发投资				
18	新市场开拓				
19	ISO认证投资				
20	支付行政管理费				
21	支付租金				
22	检测产品开发完成情况				
23	检测新市场开拓，ISO资格认证完成情况				
年末	支付设备维修费				
	计提折旧				
	违约扣款				
	期末现金对账				
随时进行	贴现				
	紧急采购				
	出售库存				
	厂房贴现				

第 四 年

企业经营流程（请按顺序执行下列各项操作）		CEO指挥团队成员具体执行每一项操作，每完成一项操作，在相应的方格内画钩。				
年初	新年度规划会议					
	参加订货会/登记销售订单					
	制订新年度计划					
	支付应付税					
	支付长期贷款利息/更新长期贷款					
	申请长期贷款					
1	季初现金盘点					
2	还本付息/更新短期贷款					
3	更新生产/完工入库					
4	生产线完工/转产完工					
5	申请短期贷款					
6	更新原材料库/更新原材料订单					
7	下原材料订单					
8	购置厂房					
9	投资新生产线/变卖生产线/生产线转产					
10	向其他企业购买原材料/出售原材料(组间交易)					
11	开始下一批生产					
12	在建生产线					
13	更新应收款/应收款收现					
14	向其他企业购买成品/出售成品(组间交易)					
15	按订单交货					
16	厂房处理(卖出/退租/租转买)					
17	产品研发投资					
18	新市场开拓					
19	ISO认证投资					
20	支付行政管理费					
21	支付租金					
22	检测产品开发完成情况					
23	检测新市场开拓,ISO资格认证完成情况					
年末	支付设备维修费					
	计提折旧					
	违约扣款					
	期末现金对账					
随时进行	贴现					
	紧急采购					
	出售库存					
	厂房贴现					

第 五 年

	企业经营流程 (请按顺序执行下列各项操作)	CEO指挥团队成员具体执行每一项操作,每完成一项操作,在相应的方格内画钩。			
年初	新年度规划会议				
	参加订货会/登记销售订单				
	制订新年度计划				
	支付应付税				
	支付长期贷款利息/更新长期贷款				
	申请长期贷款				
1	季初现金盘点				
2	还本付息/更新短期贷款				
3	更新生产/完工入库				
4	生产线完工/转产完工				
5	申请短期贷款				
6	更新原材料库/更新原材料订单				
7	下原材料订单				
8	购置厂房				
9	投资新生产线/变卖生产线/生产线转产				
10	向其他企业购买原材料/出售原材料(组间交易)				
11	开始下一批生产				
12	在建生产线				
13	更新应收款/应收款收现				
14	向其他企业购买成品/出售成品(组间交易)				
15	按订单交货				
16	厂房处理(卖出/退租/租转买)				
17	产品研发投资				
18	新市场开拓				
19	ISO认证投资				
20	支付行政管理费				
21	支付租金				
22	检测产品开发完成情况				
23	检测新市场开拓,ISO资格认证完成情况				
年末	支付设备维修费				
	计提折旧				
	违约扣款				
	期末现金对账				
随时进行	贴现				
	紧急采购				
	出售库存				
	厂房贴现				

第 六 年

企业经营流程 （请按顺序执行下列各项操作）		CEO指挥团队成员具体执行每一项操作，每完成一项操作，在相应的方格内画钩。			
年初	新年度规划会议				
	参加订货会/登记销售订单				
	制订新年度计划				
	支付应付税				
	支付长期贷款利息/更新长期贷款				
	申请长期贷款				
1	季初现金盘点				
2	还本付息/更新短期贷款				
3	更新生产/完工入库				
4	生产线完工/转产完工				
5	申请短期贷款				
6	更新原材料库/更新原材料订单				
7	下原材料订单				
8	购置厂房				
9	投资新生产线/变卖生产线/生产线转产				
10	向其他企业购买原材料/出售原材料（组间交易）				
11	开始下一批生产				
12	在建生产线				
13	更新应收款/应收款收现				
14	向其他企业购买成品/出售成品（组间交易）				
15	按订单交货				
16	厂房处理（卖出/退租/租转买）				
17	产品研发投资				
18	新市场开拓				
19	ISO认证投资				
20	支付行政管理费				
21	支付租金				
22	检测产品开发完成情况				
23	检测新市场开拓，ISO资格认证完成情况				
年末	支付设备维修费				
	计提折旧				
	违约扣款				
	期末现金对账				
随时进行	贴现				
	紧急采购				
	出售库存				
	厂房贴现				

企业经营过程记录表（一）

（　　　　　　）公司财务总监

起 始 年

企业经营流程 (请按顺序执行下列各项操作)		每执行完一项操作,财务总监在相应方格内画钩,只在涉及现金收支的方格中填写现金收支数额。				
年初	新年度规划会议					
	参加订货会/登记销售订单					
	制订新年度计划					
	支付应付税					
	支付长期贷款利息/更新长期贷款					
	申请长期贷款					
1	季初现金盘点					
2	还本付息/更新短期贷款					
3	更新生产/完工入库					
4	生产线完工/转产完工					
5	申请短期贷款					
6	更新原材料库/更新原材料订单					
7	下原材料订单					
8	购置厂房					
9	投资新生产线/变卖生产线/生产线转产					
10	向其他企业购买原材料/出售原材料(组间交易)					
11	开始下一批生产					
12	在建生产线					
13	更新应收款/应收款收现					
14	向其他企业购买成品/出售成品(组间交易)					
15	按订单交货					
16	厂房处理(卖出/退租/租转买)					
17	产品研发投资					
18	新市场开拓					
19	ISO 认证投资					
20	支付行政管理费					
21	支付租金					
22	检测产品开发完成情况					
23	检测新市场开拓,ISO 资格认证完成情况					
年末	支付设备维修费					
	计提折旧					( )
	违约扣款					
	期末现金对账					
随时进行	贴现					
	紧急采购					
	出售库存					
	厂房贴现					

产品核算统计表

核算内容＼产品	P1	P2	P3	P4	合　计
数量					
销售额					
成本					
毛利					

综合费用表

项　目	金　额	备　注
管理费		
广告费		
维修费		
租金		
转产费		
市场准入费		□本地　□区域　□国内　□亚洲　□国际
ISO 资格认证		□ISO9000　□ISO14000
产品研发		P1(　) P2(　) P3(　) P4(　)
其他		
合　计		

利 润 表

项　　目	年　　初	本　年　数
销售收入		
直接成本		
毛利		
综合费用		
折旧前利润		
折旧		
支付利息前利润		
财务收入/支出		
其他收入/支出		
税前利润		
所得税		
净利润		

资产负债表

资　　产	年初数	本　年　数	负债＋所有者权益	年初数	本　年　数
流动资产：			负债：		
现金			长期负债		
应收账款			短期负债		
在制品			应付账款		
产成品			应交税金		
原材料			一年到期的长期贷款		
流动资产合计			负债合计		
固定资产：			所有者权益：		
土地和建筑物			股东资本		
机器设备			利润留存		
在建工程			年度净利润		
固定资产合计			所有者权益		
总资产			负债＋权益		

第 一 年

	企业经营流程 （请按顺序执行下列各项操作）	每执行完一项操作，财务总监在相应方格内画钩，只在涉及现金收支的方格中填写现金收支数额。			
年初	新年度规划会议				
	参加订货会/登记销售订单				
	制订新年度计划				
	支付应付税				
	支付长期贷款利息/更新长期贷款				
	申请长期贷款				
1	季初现金盘点				
2	还本付息/更新短期贷款				
3	更新生产/完工入库				
4	生产线完工/转产完工				
5	申请短期贷款				
6	更新原材料库/更新原材料订单				
7	下原材料订单				
8	购置厂房				
9	投资新生产线/变卖生产线/生产线转产				
10	向其他企业购买原材料/出售原材料(组间交易)				
11	开始下一批生产				
12	在建生产线				
13	更新应收款/应收款收现				
14	向其他企业购买成品/出售成品(组间交易)				
15	按订单交货				
16	厂房处理(卖出/退租/租转买)				
17	产品研发投资				
18	新市场开拓				
19	ISO认证投资				
20	支付行政管理费				
21	支付租金				
22	检测产品开发完成情况				
23	检测新市场开拓，ISO资格认证完成情况				
年末	支付设备维修费				
	计提折旧				( )
	违约扣款				
	期末现金对账				
随时进行	贴现				
	紧急采购				
	出售库存				
	厂房贴现				

现金预算表

经营步骤	第一季度资金收支	第二季度资金收支	第三季度资金收支	第四季度资金收支
期初现金				
支付广告费				
支付税金				
还长期贷款本金利息				
申请长期贷款				
现金余额1				
还短期贷款和利息				
申请短期贷款				
原材料入库				
生产线转产/出售				
购置厂房				
生产线投资				
加工费				
现金余额2				
应收账款收现				
产品研发费				
支付租金				
支付行政管理费				
市场开拓费				
ISO认证				
设备维护费				
违约金				
现金收入合计				
现金支出合计				
期末现金余额				

产品核算统计表

核算内容＼产品	P1	P2	P3	P4	合　计
数量					
销售额					
成本					
毛利					

综合费用表

项　　目	金　额	备　注
管理费		
广告费		
维修费		
租金		
转产费		
市场准入费		□本地　□区域　□国内　□亚洲　□国际
ISO 资格认证		□ISO9000　□ISO14000
产品研发		P1(　) P2(　) P3(　) P4(　)
其他		
合　计		

利 润 表

项　　目	年　　初	本　年　数
销售收入		
直接成本		
毛利		
综合费用		
折旧前利润		
折旧		
支付利息前利润		
财务收入/支出		
其他收入/支出		
税前利润		
所得税		
净利润		

资产负债表

资　产	年初数	本年数	负债＋所有者权益	年初数	本年数
流动资产：			负债：		
现金			长期负债		
应收账款			短期负债		
在制品			应付账款		
产成品			应交税金		
原材料			一年到期的长期贷款		
流动资产合计			负债合计		
固定资产：			所有者权益：		
土地和建筑物			股东资本		
机器设备			利润留存		
在建工程			年度净利润		
固定资产合计			所有者权益		
总资产			负债＋权益		

第 二 年

企业经营流程 (请按顺序执行下列各项操作)		每执行完一项操作,财务总监在相应方格内画钩,只在涉及现金收支的方格中填写现金收支数额。			
年初	新年度规划会议				
	参加订货会/登记销售订单				
	制订新年度计划				
	支付应付税				
	支付长期贷款利息/更新长期贷款				
	申请长期贷款				
1	季初现金盘点				
2	还本付息/更新短期贷款				
3	更新生产/完工入库				
4	生产线完工/转产完工				
5	申请短期贷款				
6	更新原材料库/更新原材料订单				
7	下原材料订单				
8	购置厂房				
9	投资新生产线/变卖生产线/生产线转产				
10	向其他企业购买原材料/出售原材料(组间交易)				
11	开始下一批生产				
12	在建生产线				
13	更新应收款/应收款收现				
14	向其他企业购买成品/出售成品(组间交易)				
15	按订单交货				
16	厂房处理(卖出/退租/租转买)				
17	产品研发投资				
18	新市场开拓				
19	ISO 认证投资				
20	支付行政管理费				
21	支付租金				
22	检测产品开发完成情况				
23	检测新市场开拓,ISO 资格认证完成情况				
年末	支付设备维修费				
	计提折旧				( )
	违约扣款				
	期末现金对账				
随时进行	贴现				
	紧急采购				
	出售库存				
	厂房贴现				

现金预算表

经营步骤	第一季度资金收支	第二季度资金收支	第三季度资金收支	第四季度资金收支
期初现金				
支付广告费				
支付税金				
还长期贷款本金利息				
申请长期贷款				
现金余额1				
还短期贷款和利息				
申请短期贷款				
原材料入库				
生产线转产/出售				
购置厂房				
生产线投资				
加工费				
现金余额2				
应收账款收现				
产品研发费				
支付租金				
支付行政管理费				
市场开拓费				
ISO认证				
设备维护费				
违约金				
现金收入合计				
现金支出合计				
期末现金余额				

产品核算统计表

核算内容 \ 产品	P1	P2	P3	P4	合　计
数量					
销售额					
成本					
毛利					

综合费用表

项　目	金　额	备　注
管理费		
广告费		
维修费		
租金		
转产费		
市场准入费		□本地　□区域　□国内　□亚洲　□国际
ISO 资格认证		□ISO9000　□ISO14000
产品研发		P1(　) P2(　) P3(　) P4(　)
其他		
合　计		

利 润 表

项　　目	年　　初	本　年　数
销售收入		
直接成本		
毛利		
综合费用		
折旧前利润		
折旧		
支付利息前利润		
财务收入/支出		
其他收入/支出		
税前利润		
所得税		
净利润		

资产负债表

资　　产	年 初 数	本 年 数	负债＋所有者权益	年 初 数	本 年 数
流动资产：			负债：		
现金			长期负债		
应收账款			短期负债		
在制品			应付账款		
产成品			应交税金		
原材料			一年到期的长期贷款		
流动资产合计			负债合计		
固定资产：			所有者权益：		
土地和建筑物			股东资本		
机器设备			利润留存		
在建工程			年度净利润		
固定资产合计			所有者权益		
总资产			负债＋权益		

第 三 年

企业经营流程 (请按顺序执行下列各项操作)		每执行完一项操作,财务总监在相应方格内画钩,只在涉及现金收支的方格中填写现金收支数额。			
年初	新年度规划会议				
	参加订货会/登记销售订单				
	制订新年度计划				
	支付应付税				
	支付长期贷款利息/更新长期贷款				
	申请长期贷款				
1	季初现金盘点				
2	还本付息/更新短期贷款				
3	更新生产/完工入库				
4	生产线完工/转产完工				
5	申请短期贷款				
6	更新原材料库/更新原材料订单				
7	下原材料订单				
8	购置厂房				
9	投资新生产线/变卖生产线/生产线转产				
10	向其他企业购买原材料/出售原材料(组间交易)				
11	开始下一批生产				
12	在建生产线				
13	更新应收款/应收款收现				
14	向其他企业购买成品/出售成品(组间交易)				
15	按订单交货				
16	厂房处理(卖出/退租/租转买)				
17	产品研发投资				
18	新市场开拓				
19	ISO认证投资				
20	支付行政管理费				
21	支付租金				
22	检测产品开发完成情况				
23	检测新市场开拓,ISO资格认证完成情况				
年末	支付设备维修费				
	计提折旧				( )
	违约扣款				
	期末现金对账				
随时进行	贴现				
	紧急采购				
	出售库存				
	厂房贴现				

现金预算表

经 营 步 骤	第一季度资金收支	第二季度资金收支	第三季度资金收支	第四季度资金收支
期初现金				
支付广告费				
支付税金				
还长期贷款本金利息				
申请长期贷款				
现金余额1				
还短期贷款和利息				
申请短期贷款				
原材料入库				
生产线转产/出售				
购置厂房				
生产线投资				
加工费				
现金余额2				
应收账款收现				
产品研发费				
支付租金				
支付行政管理费				
市场开拓费				
ISO 认证				
设备维护费				
违约金				
现金收入合计				
现金支出合计				
期末现金余额				

产品核算统计表

核算内容＼产品	P1	P2	P3	P4	合　计
数量					
销售额					
成本					
毛利					

综合费用表

项　目	金　额	备　注
管理费		
广告费		
维修费		
租金		
转产费		
市场准入费		□本地　□区域　□国内　□亚洲　□国际
ISO资格认证		□ISO9000　□ISO14000
产品研发		P1(　) P2(　) P3(　) P4(　)
其他		
合　计		

利 润 表

项　　目	年　初	本　年　数
销售收入		
直接成本		
毛利		
综合费用		
折旧前利润		
折旧		
支付利息前利润		
财务收入/支出		
其他收入/支出		
税前利润		
所得税		
净利润		

资产负债表

资　产	年初数	本　年　数	负债＋所有者权益	年初数	本　年　数
流动资产：			负债：		
现金			长期负债		
应收账款			短期负债		
在制品			应付账款		
产成品			应交税金		
原材料			一年到期的长期贷款		
流动资产合计			负债合计		
固定资产：			所有者权益：		
土地和建筑物			股东资本		
机器设备			利润留存		
在建工程			年度净利润		
固定资产合计			所有者权益		
总资产			负债＋权益		

第 四 年

	企业经营流程 （请按顺序执行下列各项操作）		每执行完一项操作，财务总监在相应方格内画钩，只在涉及现金收支的方格中填写现金收支数额。			
年初		新年度规划会议				
		参加订货会/登记销售订单				
		制订新年度计划				
		支付应付税				
		支付长期贷款利息/更新长期贷款				
		申请长期贷款				
1		季初现金盘点				
2		还本付息/更新短期贷款				
3		更新生产/完工入库				
4		生产线完工/转产完工				
5		申请短期贷款				
6		更新原材料库/更新原材料订单				
7		下原材料订单				
8		购置厂房				
9		投资新生产线/变卖生产线/生产线转产				
10		向其他企业购买原材料/出售原材料(组间交易)				
11		开始下一批生产				
12		在建生产线				
13		更新应收款/应收款收现				
14		向其他企业购买成品/出售成品(组间交易)				
15		按订单交货				
16		厂房处理(卖出/退租/租转买)				
17		产品研发投资				
18		新市场开拓				
19		ISO认证投资				
20		支付行政管理费				
21		支付租金				
22		检测产品开发完成情况				
23		检测新市场开拓，ISO资格认证完成情况				
年末		支付设备维修费				
		计提折旧				( )
		违约扣款				
		期末现金对账				
随时进行		贴现				
		紧急采购				
		出售库存				
		厂房贴现				

现金预算表

经营步骤	第一季度资金收支	第二季度资金收支	第三季度资金收支	第四季度资金收支
期初现金				
支付广告费				
支付税金				
还长期贷款本金利息				
申请长期贷款				
现金余额1				
还短期贷款和利息				
申请短期贷款				
原材料入库				
生产线转产/出售				
购置厂房				
生产线投资				
加工费				
现金余额2				
应收账款收现				
产品研发费				
支付租金				
支付行政管理费				
市场开拓费				
ISO认证				
设备维护费				
违约金				
现金收入合计				
现金支出合计				
期末现金余额				

产品核算统计表

产品 核算内容	P1	P2	P3	P4	合计
数量					
销售额					
成本					
毛利					

综合费用表

项　　目	金　　额	备　　注
管理费		
广告费		
维修费		
租金		
转产费		
市场准入费		□本地　□区域　□国内　□亚洲　□国际
ISO资格认证		□ISO9000　□ISO14000
产品研发		P1(　)　P2(　)　P3(　)　P4(　)
其他		
合　　计		

利 润 表

项　　目	年　初	本　年　数
销售收入		
直接成本		
毛利		
综合费用		
折旧前利润		
折旧		
支付利息前利润		
财务收入/支出		
其他收入/支出		
税前利润		
所得税		
净利润		

资产负债表

资　产	年初数	本年数	负债＋所有者权益	年初数	本年数
流动资产：			负债：		
现金			长期负债		
应收账款			短期负债		
在制品			应付账款		
产成品			应交税金		
原材料			一年到期的长期贷款		
流动资产合计			负债合计		
固定资产：			所有者权益：		
土地和建筑物			股东资本		
机器设备			利润留存		
在建工程			年度净利润		
固定资产合计			所有者权益		
总资产			负债＋权益		

第 五 年

企业经营流程 (请按顺序执行下列各项操作)		每执行完一项操作,财务总监在相应方格内画钩,只在涉及现金收支的方格中填写现金收支数额。				
年初		新年度规划会议				
		参加订货会/登记销售订单				
		制订新年度计划				
		支付应付税				
		支付长期贷款利息/更新长期贷款				
		申请长期贷款				
1	季初现金盘点					
2	还本付息/更新短期贷款					
3	更新生产/完工入库					
4	生产线完工/转产完工					
5	申请短期贷款					
6	更新原材料库/更新原材料订单					
7	下原材料订单					
8	购置厂房					
9	投资新生产线/变卖生产线/生产线转产					
10	向其他企业购买原材料/出售原材料(组间交易)					
11	开始下一批生产					
12	在建生产线					
13	更新应收款/应收款收现					
14	向其他企业购买成品/出售成品(组间交易)					
15	按订单交货					
16	厂房处理(卖出/退租/租转买)					
17	产品研发投资					
18	新市场开拓					
19	ISO 认证投资					
20	支付行政管理费					
21	支付租金					
22	检测产品开发完成情况					
23	检测新市场开拓,ISO 资格认证完成情况					
年末		支付设备维修费				
		计提折旧				( )
		违约扣款				
		期末现金对账				
随时进行		贴现				
		紧急采购				
		出售库存				
		厂房贴现				

现金预算表

经 营 步 骤	第一季度资金收支	第二季度资金收支	第三季度资金收支	第四季度资金收支
期初现金				
支付广告费				
支付税金				
还长期贷款本金利息				
申请长期贷款				
现金余额1				
还短期贷款和利息				
申请短期贷款				
原材料入库				
生产线转产/出售				
购置厂房				
生产线投资				
加工费				
现金余额2				
应收账款收现				
产品研发费				
支付租金				
支付行政管理费				
市场开拓费				
ISO认证				
设备维护费				
违约金				
现金收入合计				
现金支出合计				
期末现金余额				

产品核算统计表

产品 核算内容	P1	P2	P3	P4	合计
数量					
销售额					
成本					
毛利					

综合费用表

项　　目	金　　额	备　　注
管理费		
广告费		
维修费		
租金		
转产费		
市场准入费		□本地　□区域　□国内　□亚洲　□国际
ISO 资格认证		□ISO9000　□ISO14000
产品研发		P1(　) P2(　) P3(　) P4(　)
其他		
合　　计		

利 润 表

项　　目	年　初	本　年　数
销售收入		
直接成本		
毛利		
综合费用		
折旧前利润		
折旧		
支付利息前利润		
财务收入/支出		
其他收入/支出		
税前利润		
所得税		
净利润		

资产负债表

资　产	年初数	本年数	负债＋所有者权益	年初数	本年数
流动资产：			负债：		
现金			长期负债		
应收账款			短期负债		
在制品			应付账款		
产成品			应交税金		
原材料			一年到期的长期贷款		
流动资产合计			负债合计		
固定资产：			所有者权益：		
土地和建筑物			股东资本		
机器设备			利润留存		
在建工程			年度净利润		
固定资产合计			所有者权益		
总资产			负债＋权益		

第 六 年

企业经营流程 （请按顺序执行下列各项操作）		每执行完一项操作，财务总监在相应方格内画钩，只在涉及现金收支的方格中填写现金收支数额。				
年初	新年度规划会议					
	参加订货会/登记销售订单					
	制订新年度计划					
	支付应付税					
	支付长期贷款利息/更新长期贷款					
	申请长期贷款					
1	季初现金盘点					
2	还本付息/更新短期贷款					
3	更新生产/完工入库					
4	生产线完工/转产完工					
5	申请短期贷款					
6	更新原材料库/更新原材料订单					
7	下原材料订单					
8	购置厂房					
9	投资新生产线/变卖生产线/生产线转产					
10	向其他企业购买原材料/出售原材料（组间交易）					
11	开始下一批生产					
12	在建生产线					
13	更新应收款/应收款收现					
14	向其他企业购买成品/出售成品（组间交易）					
15	按订单交货					
16	厂房处理（卖出/退租/租转买）					
17	产品研发投资					
18	新市场开拓					
19	ISO 认证投资					
20	支付行政管理费					
21	支付租金					
22	检测产品开发完成情况					
23	检测新市场开拓，ISO 资格认证完成情况					
年末	支付设备维修费					
	计提折旧					( )
	违约扣款					
	期末现金对账					
随时进行	贴现					
	紧急采购					
	出售库存					
	厂房贴现					

现金预算表

经营步骤	第一季度资金收支	第二季度资金收支	第三季度资金收支	第四季度资金收支
期初现金				
支付广告费				
支付税金				
还长期贷款本金利息				
申请长期贷款				
现金余额1				
还短期贷款和利息				
申请短期贷款				
原材料入库				
生产线转产/出售				
购置厂房				
生产线投资				
加工费				
现金余额2				
应收账款收现				
产品研发费				
支付租金				
支付行政管理费				
市场开拓费				
ISO认证				
设备维护费				
违约金				
现金收入合计				
现金支出合计				
期末现金余额				

产品核算统计表

核算内容＼产品	P1	P2	P3	P4	合　计
数量					
销售额					
成本					
毛利					

综合费用表

项　目	金　额	备　注
管理费		
广告费		
维修费		
租金		
转产费		
市场准入费		□本地　□区域　□国内　□亚洲　□国际
ISO 资格认证		□ISO9000　□ISO14000
产品研发		P1(　) P2(　) P3(　) P4(　)
其他		
合　计		

利润表

项　　　目	年　　初	本　年　数
销售收入		
直接成本		
毛利		
综合费用		
折旧前利润		
折旧		
支付利息前利润		
财务收入/支出		
其他收入/支出		
税前利润		
所得税		
净利润		

资产负债表

资　　产	年初数	本　年　数	负债＋所有者权益	年初数	本　年　数
流动资产：			负债：		
现金			长期负债		
应收账款			短期负债		
在制品			应付账款		
产成品			应交税金		
原材料			一年到期的长期贷款		
流动资产合计			负债合计		
固定资产：			所有者权益：		
土地和建筑物			股东资本		
机器设备			利润留存		
在建工程			年度净利润		
固定资产合计			所有者权益		
总资产			负债＋权益		

企业经营过程记录表（二）

（　　　　　）营销总监

起 始 年

企业经营流程 （请按顺序执行下列各项操作）		每执行完一项操作，营销总监在相应方格内填写产成品增减和销售情况，并在市场相关费用处填写数据。														
年初	新年度规划会议															
	参加订货会/登记销售订单															
	制订新年度计划															
	支付应付税															
	支付长期贷款利息/更新长期贷款															
	申请长期贷款															
		第一季				第二季				第三季				第四季			
		P1	P2	P3	P4	P1	P2	P3	P4	P1	P2	P3	P4	P1	P2	P3	P4
1	产成品库存																
2	期初产成品盘点																
3	还本付息/更新短贷																
4	更新生产/完工入库																
5	生产线完工/转产完工																
6	申请短贷																
7	更新原材料入库/更新原料订单																
8	下原料订单																
9	购置厂房																
10	投资新生产线/变卖生产线/生产线转产																
11	向其他企业购买原材料/出售原材料(组间交易)																
12	开始下一批生产																
13	在建生产线																
14	更新应收款/应收款收现																
15	向其他企业购买成品/出售成品(组间交易)																
16	按订单交货																
17	厂房处理（卖出/退租/租转买）																
18	产品研发投资																
19	新市场开拓																
20	ISO认证投资																
21	支付行政管理费																
22	支付租金																
23	检测产品开发完成情况																
24	检测新市场开拓，ISO资格认证完成情况																
年末	支付设备维修费																
	计提折旧													(	)		
	违约扣款																
	期末库存产成品对账																
随时进行	贴现																
	紧急采购																
	出售库存																
	厂房贴现																

第 一 年

企业经营流程 (请按顺序执行下列各项操作)		每执行完一项操作,营销总监在相应方格内填写产成品增减和销售情况,并在市场相关费用处填写数据。															
年初	新年度规划会议																
	参加订货会/登记销售订单																
	制订新年度计划																
	支付应付税																
	支付长期贷款利息/更新长期贷款																
	申请长期贷款																
		第一季				第二季				第三季				第四季			
1	产成品库存	P1	P2	P3	P4	P1	P2	P3	P4	P1	P2	P3	P4	P1	P2	P3	P4
2	期初产成品盘点																
3	还本付息/更新短贷																
4	更新生产/完工入库																
5	生产线完工/转产完工																
6	申请短贷																
7	更新原材料入库/更新原料订单																
8	下原料订单																
9	购置厂房																
10	投资新生产线/变卖生产线/生产线转产																
11	向其他企业购买原材料/出售原材料(组间交易)																
12	开始下一批生产																
13	在建生产线																
14	更新应收款/应收款收现																
15	向其他企业购买成品/出售成品(组间交易)																
16	按订单交货																
17	厂房处理(卖出/退租/租转买)																
18	产品研发投资																
19	新市场开拓																
20	ISO 认证投资																
21	支付行政管理费																
22	支付租金																
23	检测产品开发完成情况																
24	检测新市场开拓,ISO 资格认证完成情况																
年末	支付设备维修费																
	计提折旧													(	)		
	违约扣款																
	期末库存产成品对账																
随时进行	贴现																
	紧急采购																
	出售库存																
	厂房贴现																

第 二 年

企业经营流程 (请按顺序执行下列各项操作)		每执行完一项操作,营销总监在相应方格内填写产成品增减和销售情况,并在市场相关费用处填写数据。															
年初	新年度规划会议																
	参加订货会/登记销售订单																
	制订新年度计划																
	支付应付税																
	支付长期贷款利息/更新长期贷款																
	申请长期贷款																
		第一季				第二季				第三季				第四季			
1	产成品库存	P1	P2	P3	P4	P1	P2	P3	P4	P1	P2	P3	P4	P1	P2	P3	P4
2	期初产成品盘点																
3	还本付息/更新短贷																
4	更新生产/完工入库																
5	生产线完工/转产完工																
6	申请短贷																
7	更新原材料入库/更新原料订单																
8	下原料订单																
9	购置厂房																
10	投资新生产线/变卖生产线/生产线转产																
11	向其他企业购买原材料/出售原材料(组间交易)																
12	开始下一批生产																
13	在建生产线																
14	更新应收款/应收款收现																
15	向其他企业购买成品/出售成品(组间交易)																
16	按订单交货																
17	厂房处理(卖出/退租/租转买)																
18	产品研发投资																
19	新市场开拓																
20	ISO 认证投资																
21	支付行政管理费																
22	支付租金																
23	检测产品开发完成情况																
24	检测新市场开拓,ISO 资格认证完成情况																
年末	支付设备维修费																
	计提折旧												(	)			
	违约扣款																
	期末库存产成品对账																
随时进行	贴现																
	紧急采购																
	出售库存																
	厂房贴现																

广告报价单

本 地		区 域		国 内		亚 洲		国 际	
产品	广告	产品	广告	产品	广告	产品	广告	产品	广告
P1		P1		P1		P1		P1	
P2		P2		P2		P2		P2	
P3		P3		P3		P3		P3	
P4		P4		P4		P4		P4	

订单登记表

订单号	市场	产品	数量	账期	销售额	成本	毛利	未售
合计								

第 三 年

企业经营流程 （请按顺序执行下列各项操作）		每执行完一项操作，营销总监在相应方格内填写产成品增减和销售情况，并在市场相关费用处填写数据。															
年初	新年度规划会议																
	参加订货会/登记销售订单																
	制订新年度计划																
	支付应付税																
	支付长期贷款利息/更新长期贷款																
	申请长期贷款																
		第一季				第二季				第三季				第四季			
		P1	P2	P3	P4	P1	P2	P3	P4	P1	P2	P3	P4	P1	P2	P3	P4
1	产成品库存																
2	期初产成品盘点																
3	还本付息/更新短贷																
4	更新生产/完工入库																
5	生产线完工/转产完工																
6	申请短贷																
7	更新原材料入库/更新原料订单																
8	下原料订单																
9	购置厂房																
10	投资新生产线/变卖生产线/生产线转产																
11	向其他企业购买原材料/出售原材料（组间交易）																
12	开始下一批生产																
13	在建生产线																
14	更新应收款/应收款收现																
15	向其他企业购买成品/出售成品（组间交易）																
16	按订单交货																
17	厂房处理（卖出/退租/租转买）																
18	产品研发投资																
19	新市场开拓																
20	ISO 认证投资																
21	支付行政管理费																
22	支付租金																
23	检测产品开发完成情况																
24	检测新市场开拓，ISO 资格认证完成情况																
年末	支付设备维修费																
	计提折旧												（	）			
	违约扣款																
	期末库存产成品对账																
随时进行	贴现																
	紧急采购																
	出售库存																
	厂房贴现																

广告报价单

本 地		区 域		国 内		亚 洲		国 际	
产 品	广 告	产 品	广 告	产 品	广 告	产 品	广 告	产 品	广 告
P1		P1		P1		P1		P1	
P2		P2		P2		P2		P2	
P3		P3		P3		P3		P3	
P4		P4		P4		P4		P4	

订单登记表

订单号	市 场	产 品	数 量	账 期	销 售 额	成 本	毛 利	未 售
合计								

第 四 年

企业经营流程 （请按顺序执行下列各项操作）		每执行完一项操作，营销总监在相应方格内填写产成品增减和销售情况，并在市场相关费用处填写数据。															
年初	新年度规划会议																
	参加订货会/登记销售订单																
	制订新年度计划																
	支付应付税																
	支付长期贷款利息/更新长期贷款																
	申请长期贷款																
		第一季				第二季				第三季				第四季			
1	产成品库存	P1	P2	P3	P4	P1	P2	P3	P4	P1	P2	P3	P4	P1	P2	P3	P4
2	期初产成品盘点																
3	还本付息/更新短贷																
4	更新生产/完工入库																
5	生产线完工/转产完工																
6	申请短贷																
7	更新原材料入库/更新原料订单																
8	下原料订单																
9	购置厂房																
10	投资新生产线/变卖生产线/生产线转产																
11	向其他企业购买原材料/出售原材料（组间交易）																
12	开始下一批生产																
13	在建生产线																
14	更新应收款/应收款收现																
15	向其他企业购买成品/出售成品（组间交易）																
16	按订单交货																
17	厂房处理（卖出/退租/租转买）																
18	产品研发投资																
19	新市场开拓																
20	ISO 认证投资																
21	支付行政管理费																
22	支付租金																
23	检测产品开发完成情况																
24	检测新市场开拓，ISO 资格认证完成情况																
年末	支付设备维修费																
	计提折旧												(		)		
	违约扣款																
	期末库存产成品对账																
随时进行	贴现																
	紧急采购																
	出售库存																
	厂房贴现																

广告报价单

本 地		区 域		国 内		亚 洲		国 际	
产 品	广 告	产 品	广 告	产 品	广 告	产 品	广 告	产 品	广 告
P1		P1		P1		P1		P1	
P2		P2		P2		P2		P2	
P3		P3		P3		P3		P3	
P4		P4		P4		P4		P4	

订单登记表

订单号	市 场	产 品	数 量	账 期	销 售 额	成 本	毛 利	未 售
合计								

第 五 年

企业经营流程			每执行完一项操作，营销总监在相应方格内填写产成品增减和销售情况，并在市场相关费用处填写数据。														
(请按顺序执行下列各项操作)																	

年初		新年度规划会议															
		参加订货会/登记销售订单															
		制订新年度计划															
		支付应付税															
		支付长期贷款利息/更新长期贷款															
		申请长期贷款															
			第一季				第二季				第三季				第四季			
			P1	P2	P3	P4	P1	P2	P3	P4	P1	P2	P3	P4	P1	P2	P3	P4
	1	产成品库存																
	2	期初产成品盘点																
	3	还本付息/更新短贷																
	4	更新生产/完工入库																
	5	生产线完工/转产完工																
	6	申请短贷																
	7	更新原材料入库/更新原料订单																
	8	下原料订单																
	9	购置厂房																
	10	投资新生产线/变卖生产线/生产线转产																
	11	向其他企业购买原材料/出售原材料(组间交易)																
	12	开始下一批生产																
	13	在建生产线																
	14	更新应收款/应收款收现																
	15	向其他企业购买成品/出售成品(组间交易)																
	16	按订单交货																
	17	厂房处理(卖出/退租/租转买)																
	18	产品研发投资																
	19	新市场开拓																
	20	ISO认证投资																
	21	支付行政管理费																
	22	支付租金																
	23	检测产品开发完成情况																
	24	检测新市场开拓,ISO资格认证完成情况																
年末		支付设备维修费															
		计提折旧													(	)		
		违约扣款																
		期末库存产成品对账																
随时进行		贴现															
		紧急采购																
		出售库存																
		厂房贴现																

广告报价单

本 地		区 域		国 内		亚 洲		国 际	
产 品	广 告	产 品	广 告	产 品	广 告	产 品	广 告	产 品	广 告
P1		P1		P1		P1		P1	
P2		P2		P2		P2		P2	
P3		P3		P3		P3		P3	
P4		P4		P4		P4		P4	

订单登记表

订单号	市场	产品	数量	账期	销售额	成本	毛利	未售
合计								

第 六 年

企业经营流程 (请按顺序执行下列各项操作)			每执行完一项操作,营销总监在相应方格内填写产成品增减和销售情况,并在市场相关费用处填写数据。														
年初		新年度规划会议															
		参加订货会/登记销售订单															
		制订新年度计划															
		支付应付税															
		支付长期贷款利息/更新长期贷款															
		申请长期贷款															
			第一季				第二季				第三季				第四季			
1	产成品库存		P1	P2	P3	P4	P1	P2	P3	P4	P1	P2	P3	P4	P1	P2	P3	P4
2	期初产成品盘点																	
3	还本付息/更新短贷																	
4	更新生产/完工入库																	
5	生产线完工/转产完工																	
6	申请短贷																	
7	更新原材料入库/更新原料订单																	
8	下原料订单																	
9	购置厂房																	
10	投资新生产线/变卖生产线/生产线转产																	
11	向其他企业购买原材料/出售原材料(组间交易)																	
12	开始下一批生产																	
13	在建生产线																	
14	更新应收款/应收款收现																	
15	向其他企业购买成品/出售成品(组间交易)																	
16	按订单交货																	
17	厂房处理(卖出/退租/租转买)																	
18	产品研发投资																	
19	新市场开拓																	
20	ISO认证投资																	
21	支付行政管理费																	
22	支付租金																	
23	检测产品开发完成情况																	
24	检测新市场开拓,ISO资格认证完成情况																	
年末		支付设备维修费																
		计提折旧												(	)			
		违约扣款																
		期末库存产成品对账																
随时进行		贴现																
		紧急采购																
		出售库存																
		厂房贴现																

广告报价单

本地		区域		国内		亚洲		国际	
产品	广告	产品	广告	产品	广告	产品	广告	产品	广告
P1		P1		P1		P1		P1	
P2		P2		P2		P2		P2	
P3		P3		P3		P3		P3	
P4		P4		P4		P4		P4	

订单登记表

订单号	市场	产品	数量	账期	销售额	成本	毛利	未售
合计								

企业经营过程记录表（三）

（　　　　　　）生产总监

起 始 年

企业经营流程 (请按顺序执行下列各项操作)		每执行完一项操作,生产总监在相应方格内填写在制品生产情况,并在相关活动费用处填写数据。															
年初	新年度规划会议																
	参加订货会/登记销售订单																
	制订新年度计划																
	支付应付税																
	支付长期贷款利息/更新长期贷款																
	申请长期贷款																
		第一季				第二季				第三季				第四季			
1	在制品库存	P1	P2	P3	P4	P1	P2	P3	P4	P1	P2	P3	P4	P1	P2	P3	P4
2	期初在制品盘点																
3	还本付息/更新短贷																
4	更新生产/完工入库																
5	生产线完工/转产完工																
6	申请短贷																
7	更新原材料入库/更新原料订单																
8	下原料订单																
9	购置厂房																
10	投资新生产线/变卖生产线/生产线转产																
11	向其他企业购买原材料/出售原材料(组间交易)																
12	开始下一批生产																
13	在建生产线																
14	更新应收款/应收款收现																
15	向其他企业购买成品/出售成品(组间交易)																
16	按订单交货																
17	厂房处理(卖出/退租/租转买)																
18	产品研发投资																
19	新市场开拓																
20	ISO 认证投资																
21	支付行政管理费																
22	支付租金																
23	检测产品开发完成情况																
24	检测新市场开拓,ISO 资格认证完成情况																
年末	支付设备维修费																
	计提折旧												(	)			
	违约扣款																
	期末在制品对账																
随时进行	贴现																
	紧急采购																
	出售库存																
	厂房贴现																

第 一 年

企业经营流程 (请按顺序执行下列各项操作)			每执行完一项操作,生产总监在相应方格内填写在制品生产情况,并在相关活动费用处填写数据。											
年初		新年度规划会议												
		参加订货会/登记销售订单												
		制订新年度计划												
		支付应付税												
		支付长期贷款利息/更新长期贷款												
		申请长期贷款												
			第一季				第二季				第三季				第四季			
			P1	P2	P3	P4	P1	P2	P3	P4	P1	P2	P3	P4	P1	P2	P3	P4
1	在制品库存																	
2	期初在制品盘点																	
3	还本付息/更新短贷																	
4	更新生产/完工入库																	
5	生产线完工/转产完工																	
6	申请短贷																	
7	更新原材料入库/更新原料订单																	
8	下原料订单																	
9	购置厂房																	
10	投资新生产线/变卖生产线/生产线转产																	
11	向其他企业购买原材料/出售原材料(组间交易)																	
12	开始下一批生产																	
13	在建生产线																	
14	更新应收款/应收款收现																	
15	向其他企业购买成品/出售成品(组间交易)																	
16	按订单交货																	
17	厂房处理(卖出/退租/租转买)																	
18	产品研发投资																	
19	新市场开拓																	
20	ISO认证投资																	
21	支付行政管理费																	
22	支付租金																	
23	检测产品开发完成情况																	
24	检测新市场开拓,ISO资格认证完成情况																	
年末		支付设备维修费																	
		计提折旧												(	)			
		违约扣款																	
		期末在制品对账																	
随时进行		贴现																	
		紧急采购																	
		出售库存																	
		厂房贴现																	

第 二 年

企业经营流程 (请按顺序执行下列各项操作)		每执行完一项操作，生产总监在相应方格内填写在制品生产情况，并在相关活动费用处填写数据。															
年初	新年度规划会议																
	参加订货会/登记销售订单																
	制订新年度计划																
	支付应付税																
	支付长期贷款利息/更新长期贷款																
	申请长期贷款																
		第一季				第二季				第三季				第四季			
1	在制品库存	P1	P2	P3	P4	P1	P2	P3	P4	P1	P2	P3	P4	P1	P2	P3	P4
2	期初在制品盘点																
3	还本付息/更新短贷																
4	更新生产/完工入库																
5	生产线完工/转产完工																
6	申请短贷																
7	更新原材料入库/更新原料订单																
8	下原料订单																
9	购置厂房																
10	投资新生产线/变卖生产线/生产线转产																
11	向其他企业购买原材料/出售原材料(组间交易)																
12	开始下一批生产																
13	在建生产线																
14	更新应收款/应收款收现																
15	向其他企业购买成品/出售成品(组间交易)																
16	按订单交货																
17	厂房处理(卖出/退租/租转买)																
18	产品研发投资																
19	新市场开拓																
20	ISO 认证投资																
21	支付行政管理费																
22	支付租金																
23	检测产品开发完成情况																
24	检测新市场开拓，ISO 资格认证完成情况																
年末	支付设备维修费																
	计提折旧													(		)	
	违约扣款																
	期末在制品对账																
随时进行	贴现																
	紧急采购																
	出售库存																
	厂房贴现																

第 三 年

企业经营流程 (请按顺序执行下列各项操作)		每执行完一项操作，生产总监在相应方格内填写在制品生产情况，并在相关活动费用处填写数据。												
年初	新年度规划会议													
	参加订货会/登记销售订单													
	制订新年度计划													
	支付应付税													
	支付长期贷款利息/更新长期贷款													
	申请长期贷款													
		第一季				第二季				第三季				第四季			
1	在制品库存	P1	P2	P3	P4	P1	P2	P3	P4	P1	P2	P3	P4	P1	P2	P3	P4
2	期初在制品盘点																
3	还本付息/更新短贷																
4	更新生产/完工入库																
5	生产线完工/转产完工																
6	申请短贷																
7	更新原材料入库/更新原料订单																
8	下原料订单																
9	购置厂房																
10	投资新生产线/变卖生产线/生产线转产																
11	向其他企业购买原材料/出售原材料(组间交易)																
12	开始下一批生产																
13	在建生产线																
14	更新应收款/应收款收现																
15	向其他企业购买成品/出售成品(组间交易)																
16	按订单交货																
17	厂房处理(卖出/退租/租转买)																
18	产品研发投资																
19	新市场开拓																
20	ISO认证投资																
21	支付行政管理费																
22	支付租金																
23	检测产品开发完成情况																
24	检测新市场开拓，ISO资格认证完成情况																
年末	支付设备维修费																
	计提折旧												(	)		
	违约扣款																
	期末在制品对账																
随时进行	贴现																
	紧急采购																
	出售库存																
	厂房贴现																

第 四 年

企业经营流程 (请按顺序执行下列各项操作)		每执行完一项操作，生产总监在相应方格内填写在制品生产情况，并在相关活动费用处填写数据。															

年初	新年度规划会议																
	参加订货会/登记销售订单																
	制订新年度计划																
	支付应付税																
	支付长期贷款利息/更新长期贷款																
	申请长期贷款																
			第一季				第二季				第三季				第四季			
			P1	P2	P3	P4	P1	P2	P3	P4	P1	P2	P3	P4	P1	P2	P3	P4
1	在制品库存																	
2	期初在制品盘点																	
3	还本付息/更新短贷																	
4	更新生产/完工入库																	
5	生产线完工/转产完工																	
6	申请短贷																	
7	更新原材料入库/更新原料订单																	
8	下原料订单																	
9	购置厂房																	
10	投资新生产线/变卖生产线/生产线转产																	
11	向其他企业购买原材料/出售原材料(组间交易)																	
12	开始下一批生产																	
13	在建生产线																	
14	更新应收款/应收款收现																	
15	向其他企业购买成品/出售成品(组间交易)																	
16	按订单交货																	
17	厂房处理(卖出/退租/租转买)																	
18	产品研发投资																	
19	新市场开拓																	
20	ISO认证投资																	
21	支付行政管理费																	
22	支付租金																	
23	检测产品开发完成情况																	
24	检测新市场开拓，ISO资格认证完成情况																	
年末	支付设备维修费																	
	计提折旧													(	)			
	违约扣款																	
	期末在制品对账																	
随时进行	贴现																	
	紧急采购																	
	出售库存																	
	厂房贴现																	

第 五 年

企业经营流程 （请按顺序执行下列各项操作）		每执行完一项操作，生产总监在相应方格内填写在制品生产情况，并在相关活动费用处填写数据。																
年初	新年度规划会议																	
	参加订货会/登记销售订单																	
	制订新年度计划																	
	支付应付税																	
	支付长期贷款利息/更新长期贷款																	
	申请长期贷款																	
		第一季				第二季				第三季				第四季			
		P1	P2	P3	P4	P1	P2	P3	P4	P1	P2	P3	P4	P1	P2	P3	P4
1	在制品库存																
2	期初在制品盘点																
3	还本付息/更新短贷																
4	更新生产/完工入库																
5	生产线完工/转产完工																
6	申请短贷																
7	更新原材料入库/更新原料订单																
8	下原料订单																
9	购置厂房																
10	投资新生产线/变卖生产线/生产线转产																
11	向其他企业购买原材料/出售原材料(组间交易)																
12	开始下一批生产																
13	在建生产线																
14	更新应收款/应收款收现																
15	向其他企业购买成品/出售成品(组间交易)																
16	按订单交货																
17	厂房处理(卖出/退租/租转买)																
18	产品研发投资																
19	新市场开拓																
20	ISO认证投资																
21	支付行政管理费																
22	支付租金																
23	检测产品开发完成情况																
24	检测新市场开拓，ISO资格认证完成情况																
年末	支付设备维修费																	
	计提折旧																( )			
	违约扣款																	
	期末在制品对账																	
随时进行	贴现																	
	紧急采购																	
	出售库存																	
	厂房贴现																	

第 六 年

企业经营流程 (请按顺序执行下列各项操作)			每执行完一项操作,生产总监在相应方格内填写在制 品生产情况,并在相关活动费用处填写数据。											
年初		新年度规划会议												
		参加订货会/登记销售订单												
		制订新年度计划												
		支付应付税												
		支付长期贷款利息/更新长期贷款												
		申请长期贷款												
			第一季			第二季			第三季			第四季		
1	在制品库存		P1	P2	P3	P4	P1	P2	P3	P4	P1	P2	P3	P4
2	期初在制品盘点													
3	还本付息/更新短贷													
4	更新生产/完工入库													
5	生产线完工/转产完工													
6	申请短贷													
7	更新原材料入库/更新原料订单													
8	下原料订单													
9	购置厂房													
10	投资新生产线/变卖生产线/生产线转产													
11	向其他企业购买原材料/出售原材料(组间交易)													
12	开始下一批生产													
13	在建生产线													
14	更新应收款/应收款收现													
15	向其他企业购买成品/出售成品(组间交易)													
16	按订单交货													
17	厂房处理(卖出/退租/租转买)													
18	产品研发投资													
19	新市场开拓													
20	ISO 认证投资													
21	支付行政管理费													
22	支付租金													
23	检测产品开发完成情况													
24	检测新市场开拓,ISO 资格认证完成情况													
年末		支付设备维修费												
		计提折旧										(	)		
		违约扣款													
		期末在制品对账													
随时进行		贴现												
		紧急采购													
		出售库存													
		厂房贴现													

企业经营过程记录表（四）

（　　　　　）采购总监

起 始 年

	企业经营流程 (请按顺序执行下列各项操作)		每执行完一项操作,采购总监在相应方格内填写在制品采购情况,并在相关活动费用处填写数据。													
年初	新年度规划会议															
	参加订货会/登记销售订单															
	制订新年度计划															
	支付应付税															
	支付长期贷款利息/更新长期贷款															
	申请长期贷款															
			第一季				第二季				第三季				第四季	
			R1	R2	R3	R4	R1	R2	R3	R4	R1	R2	R3	R4	R1	R2	R3	R4
1	原材料库存															
2	期初原材料盘点															
3	还本付息/更新短贷															
4	更新生产/完工入库															
5	生产线完工/转产完工															
6	申请短贷															
7	更新原材料入库/更新原料订单															
8	下原料订单															
9	购置厂房															
10	投资新生产线/变卖生产线/生产线转产															
11	向其他企业购买原材料/出售原材料(组间交易)															
12	开始下一批生产															
13	在建生产线															
14	更新应收款/应收款收现															
15	向其他企业购买成品/出售成品(组间交易)															
16	按订单交货															
17	厂房处理(卖出/退租/租转买)															
18	产品研发投资															
19	新市场开拓															
20	ISO认证投资															
21	支付行政管理费															
22	支付租金															
23	检测产品开发完成情况															
24	检测新市场开拓,ISO资格认证完成情况															
年末	支付设备维修费															
	计提折旧												(	)		
	违约扣款															
	期末原材料对账															
随时进行	贴现															
	紧急采购															
	出售库存															
	厂房贴现															

第 一 年

企业经营流程 (请按顺序执行下列各项操作)		每执行完一项操作，采购总监在相应方格内填写在制品采购情况，并在相关活动费用处填写数据。														
年初	新年度规划会议															
	参加订货会/登记销售订单															
	制订新年度计划															
	支付应付税															
	支付长期贷款利息/更新长期贷款															
	申请长期贷款															
		第一季				第二季				第三季				第四季		
1	原材料库存	R1	R2	R3	R4	R1	R2	R3	R4	R1	R2	R3	R4	R1	R2	R3	R4
2	期初原材料盘点															
3	还本付息/更新短贷															
4	更新生产/完工入库															
5	生产线完工/转产完工															
6	申请短贷															
7	更新原材料入库/更新原料订单															
8	下原料订单															
9	购置厂房															
10	投资新生产线/变卖生产线/生产线转产															
11	向其他企业购买原材料/出售原材料(组间交易)															
12	开始下一批生产															
13	在建生产线															
14	更新应收款/应收款收现															
15	向其他企业购买成品/出售成品(组间交易)															
16	按订单交货															
17	厂房处理(卖出/退租/租转买)															
18	产品研发投资															
19	新市场开拓															
20	ISO认证投资															
21	支付行政管理费															
22	支付租金															
23	检测产品开发完成情况															
24	检测新市场开拓，ISO资格认证完成情况															
年末	支付设备维修费															
	计提折旧												(	)		
	违约扣款															
	期末原材料对账															
随时进行	贴现															
	紧急采购															
	出售库存															
	厂房贴现															

第 二 年

企业经营流程 (请按顺序执行下列各项操作)		每执行完一项操作，采购总监在相应方格内填写在制品采购情况，并在相关活动费用处填写数据。															
年初	新年度规划会议																
	参加订货会/登记销售订单																
	制订新年度计划																
	支付应付税																
	支付长期贷款利息/更新长期贷款																
	申请长期贷款																
		第一季				第二季				第三季				第四季			
1	原材料库存	R1	R2	R3	R4	R1	R2	R3	R4	R1	R2	R3	R4	R1	R2	R3	R4
2	期初原材料盘点																
3	还本付息/更新短贷																
4	更新生产/完工入库																
5	生产线完工/转产完工																
6	申请短贷																
7	更新原材料入库/更新原料订单																
8	下原料订单																
9	购置厂房																
10	投资新生产线/变卖生产线/生产线转产																
11	向其他企业购买原材料/出售原材料(组间交易)																
12	开始下一批生产																
13	在建生产线																
14	更新应收款/应收款收现																
15	向其他企业购买成品/出售成品(组间交易)																
16	按订单交货																
17	厂房处理(卖出/退租/租转买)																
18	产品研发投资																
19	新市场开拓																
20	ISO认证投资																
21	支付行政管理费																
22	支付租金																
23	检测产品开发完成情况																
24	检测新市场开拓，ISO资格认证完成情况																
年末	支付设备维修费																
	计提折旧												(	)			
	违约扣款																
	期末原材料对账																
随时进行	贴现																
	紧急采购																
	出售库存																
	厂房贴现																

第 三 年

企业经营流程 （请按顺序执行下列各项操作）		每执行完一项操作，采购总监在相应方格内填写在制品采购情况，并在相关活动费用处填写数据。															
年初	新年度规划会议																
	参加订货会/登记销售订单																
	制订新年度计划																
	支付应付税																
	支付长期贷款利息/更新长期贷款																
	申请长期贷款																
		第一季				第二季				第三季				第四季			
1	原材料库存	R1	R2	R3	R4	R1	R2	R3	R4	R1	R2	R3	R4	R1	R2	R3	R4
2	期初原材料盘点																
3	还本付息/更新短贷																
4	更新生产/完工入库																
5	生产线完工/转产完工																
6	申请短贷																
7	更新原材料入库/更新原料订单																
8	下原料订单																
9	购置厂房																
10	投资新生产线/变卖生产线/生产线转产																
11	向其他企业购买原材料/出售原材料(组间交易)																
12	开始下一批生产																
13	在建生产线																
14	更新应收款/应收款收现																
15	向其他企业购买成品/出售成品(组间交易)																
16	按订单交货																
17	厂房处理(卖出/退租/租转买)																
18	产品研发投资																
19	新市场开拓																
20	ISO认证投资																
21	支付行政管理费																
22	支付租金																
23	检测产品开发完成情况																
24	检测新市场开拓，ISO资格认证完成情况																
年末	支付设备维修费																
	计提折旧											(	)				
	违约扣款																
	期末原材料对账																
随时进行	贴现																
	紧急采购																
	出售库存																
	厂房贴现																

第 四 年

企业经营流程 (请按顺序执行下列各项操作)		每执行完一项操作，采购总监在相应方格内填写在制品采购情况，并在相关活动费用处填写数据。																
年初	新年度规划会议																	
	参加订货会/登记销售订单																	
	制订新年度计划																	
	支付应付税																	
	支付长期贷款利息/更新长期贷款																	
	申请长期贷款																	
			第一季				第二季				第三季				第四季			
			R1	R2	R3	R4	R1	R2	R3	R4	R1	R2	R3	R4	R1	R2	R3	R4
1	原材料库存																	
2	期初原材料盘点																	
3	还本付息/更新短贷																	
4	更新生产/完工入库																	
5	生产线完工/转产完工																	
6	申请短贷																	
7	更新原材料入库/更新原料订单																	
8	下原料订单																	
9	购置厂房																	
10	投资新生产线/变卖生产线/生产线转产																	
11	向其他企业购买原材料/出售原材料(组间交易)																	
12	开始下一批生产																	
13	在建生产线																	
14	更新应收款/应收款收现																	
15	向其他企业购买成品/出售成品(组间交易)																	
16	按订单交货																	
17	厂房处理(卖出/退租/租转买)																	
18	产品研发投资																	
19	新市场开拓																	
20	ISO认证投资																	
21	支付行政管理费																	
22	支付租金																	
23	检测产品开发完成情况																	
24	检测新市场开拓，ISO资格认证完成情况																	
年末	支付设备维修费																	
	计提折旧													(	)			
	违约扣款																	
	期末原材料对账																	
随时进行	贴现																	
	紧急采购																	
	出售库存																	
	厂房贴现																	

第 五 年

企业经营流程 (请按顺序执行下列各项操作)		每执行完一项操作，采购总监在相应方格内填写在制品采购情况，并在相关活动费用处填写数据。															
年初	新年度规划会议																
	参加订货会/登记销售订单																
	制订新年度计划																
	支付应付税																
	支付长期贷款利息/更新长期贷款																
	申请长期贷款																
		第一季				第二季				第三季				第四季			
1	原材料库存	R1	R2	R3	R4	R1	R2	R3	R4	R1	R2	R3	R4	R1	R2	R3	R4
2	期初原材料盘点																
3	还本付息/更新短贷																
4	更新生产/完工入库																
5	生产线完工/转产完工																
6	申请短贷																
7	更新原材料入库/更新原料订单																
8	下原料订单																
9	购置厂房																
10	投资新生产线/变卖生产线/生产线转产																
11	向其他企业购买原材料/出售原材料(组间交易)																
12	开始下一批生产																
13	在建生产线																
14	更新应收款/应收款收现																
15	向其他企业购买成品/出售成品(组间交易)																
16	按订单交货																
17	厂房处理(卖出/退租/租转买)																
18	产品研发投资																
19	新市场开拓																
20	ISO认证投资																
21	支付行政管理费																
22	支付租金																
23	检测产品开发完成情况																
24	检测新市场开拓，ISO资格认证完成情况																
年末	支付设备维修费																
	计提折旧													(	)		
	违约扣款																
	期末原材料对账																
随时进行	贴现																
	紧急采购																
	出售库存																
	厂房贴现																

第 六 年

企业经营流程 (请按顺序执行下列各项操作)		每执行完一项操作,采购总监在相应方格内填写在制品采购情况,并在相关活动费用处填写数据。															

年初	新年度规划会议																
	参加订货会/登记销售订单																
	制订新年度计划																
	支付应付税																
	支付长期贷款利息/更新长期贷款																
	申请长期贷款																
			第一季				第二季				第三季				第四季		
1	原材料库存		R1	R2	R3	R4	R1	R2	R3	R4	R1	R2	R3	R4	R1	R2	R3	R4
2	期初原材料盘点																
3	还本付息/更新短贷																
4	更新生产/完工入库																
5	生产线完工/转产完工																
6	申请短贷																
7	更新原材料入库/更新原料订单																
8	下原料订单																
9	购置厂房																
10	投资新生产线/变卖生产线/生产线转产																
11	向其他企业购买原材料/出售原材料(组间交易)																
12	开始下一批生产																
13	在建生产线																
14	更新应收款/应收款收现																
15	向其他企业购买成品/出售成品(组间交易)																
16	按订单交货																
17	厂房处理(卖出/退租/租转买)																
18	产品研发投资																
19	新市场开拓																
20	ISO认证投资																
21	支付行政管理费																
22	支付租金																
23	检测产品开发完成情况																
24	检测新市场开拓,ISO资格认证完成情况																
年末	支付设备维修费																
	计提折旧													(	)		
	违约扣款																
	期末原材料对账																
随时进行	贴现																
	紧急采购																
	出售库存																
	厂房贴现																

第3章 提 高 篇

3.1 战略模块

总体来说，公司战略就是规划公司目标以及为达到这一目标所需资源的获得、使用和处理的方略。它是企业为了适应未来环境的变化、寻求长期生存和稳定发展而制定的总体性和长远性的谋略。企业要想发展，扩大规模和产能是必经之路，而扩大规模和产能必须通过固定资产投资来实现。要尽可能满足销售计划并达到预计的产能规模，就要考虑生产线和厂房的获得等问题，还要做好财务规划，保证企业有足够的现金支持，不能引起资金链断裂。要把人员分工、市场预测、产品研发、设备更新、生产线改良和企业战略结合起来，以便更好地实现组织目标。

企业沙盘模拟经营过程中，往往会出现这样的情况，在进行战略讨论时，同学们经过一番激烈的争辩之后，所谓的"战略规划"最终演变成了第一年打多少广告费的争论，这样是不可取的。在模拟经营之前，就应该做一个整体的而不是片面的运营战略规划，如图3.1所示，应该包括市场预测分析，进而包括财务预算、生产计划、采购计划、融资计划（包括长期贷款和短期贷款）、市场计划和竞争对手分析等。在模拟经营过程中，及时完成"间谍工作"进行竞争对手分析也是十分重要的。也就是说，经营战略规划不仅要从产品研发、市场开拓、竞争对手产品种类、生产线状态、最大产能、资金状况等方面进行分析，还要对竞争对手个性、表现、风格等进行分析。只有具备全局观的战略思想，才能保证在比赛中稳步前进，遇乱不慌。

3.1.1 如何进行市场预测分析？

市场预测是整个战略计划的关键所在，正确分析市场容量、市场需求导向、市场盈利空间等，才能正确指导企业完成生产计划、融资方式、广告计划、财务分析等。可以说，市场预测是企业沙盘模拟经营的运作前提。

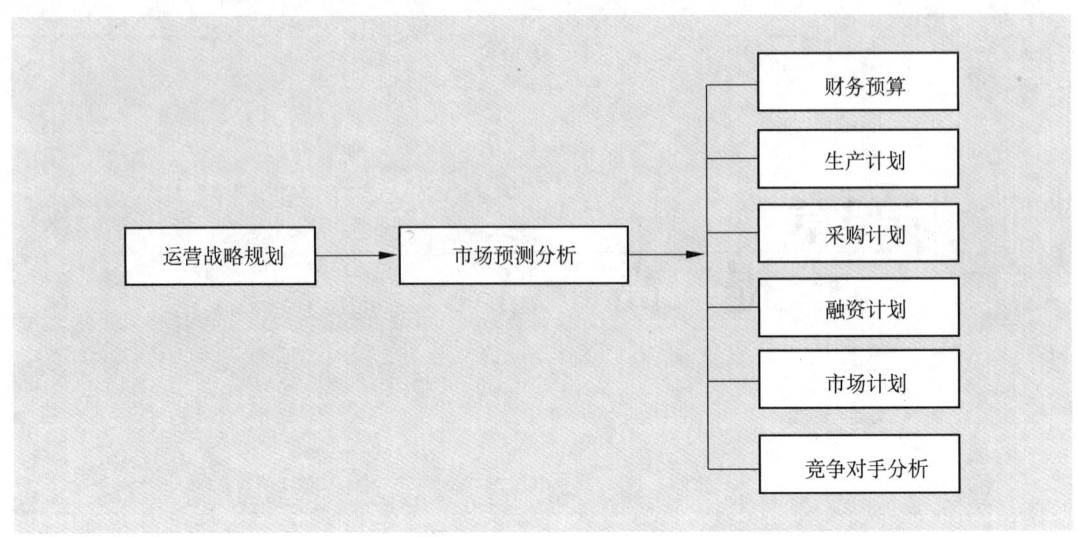

图 3.1 运营战略规划

例如，企业沙盘模拟经营过程中，本地市场产品需求表和产品价格表分别如表 3.1 和表 3.2 所示。

表 3.1 本地市场产品需求表　　　　　　　　　　　　　　　　　单位：个

产品	第二年	第三年	第四年	第五年	第六年	合计
P1	20	18	15	11	8	72
P2	8	14	16	15	11	64
P3	5	7	8	12	17	49
P4	0	0	2	4	6	12

表 3.2 本地市场产品价格表　　　　　　　　　　　　　　　　　单位：M

产品	第二年	第三年	第四年	第五年	第六年	合计
P1	4.9	4.6	4.3	4.0	3.6	4.28
P2	6.3	8.0	8.7	8.2	6.5	8.08
P3	7.2	8.3	8.8	9.0	9.4	8.54
P4	0	0	9.0	9.3	9.6	9.3

根据表 3.1 和表 3.2 给出的数据，可以分析出以下关键点。

▶ 1. 市场需要何种产品组合，数量各是多少？

由表 3.1 可以得出，市场对 P1、P2、P3、P4 的需求量有不同的变化趋势。P1 在第二年需求量较高，P2 从第三年开始逐渐达到销售高峰，P3 在最后两年销售量攀升，P4 产品市场需求量少，并且前两年没有市场。根据以上数据可以初步确定将 P1、P2、P3 作为主打产品生产，并且不同年份产量各有侧重，P4 产品可以少量生产。

▶ 2. 从第几年开始需求新产品,第几年产品需求量最高?

通过对表 3.1 的分析可以得出:第一,P2、P3 的销售高峰不同,P2 产品可以在第一年开始研发,第二年即可少量销售,且能赶上第三、第四年的销售高峰从而大量销售 P2 产品;第二,P4 产品在前三年没有市场需求,如果需要研发,其研发时间可以推迟,只要保证第四年能够生产即可。

▶ 3. 哪种产品的销售价格最高,哪种产品的毛利最大?

由表 3.2 可知:第一,P2 的销售价格与它的销售高峰期一致,在第三年和第四年也同样达到了销售价格最高,即毛利最大;第二,虽然 P4 产品从第四年开始有市场,销售价格却与 P3 相差无几,可是 P4 产品的成本比 P3 大,导致 P4 产品的实际利润较低。

▶ 4. 市场是否需要特殊认证,如 ISO9000 或 ISO14000?

从本地市场无法看出特殊认证的问题,但是如果后几个市场对 ISO 要求较高,则需要考虑从哪一年开始开发认证比较恰当。

在不同市场回答以上几个关键问题,即是对市场进行了比较全面的分析。分析完成后,基本可以确定哪些市场需要开发、何时开发才能够赶上销售高峰,以及哪一年开发 ISO 认证比较恰当等问题。完成上述市场预测分析,有助于企业制订生产计划、融资计划、广告计划等。

3.1.2 如何完成生产计划和采购计划?

生产计划的安排基于正确的市场预测分析。根据市场状况选择生产 P1、P2、P3、P4 中的哪种产品,选择哪种类型的生产线,如何分配生产线,是否可生产出足够多的符合市场需求的产品等,都应在运营战略规划时分析到位。

生产计划分析需要注意以下几个关键点。

▶ 1. 采用哪种产品组合?

是 P1、P2、P3、P4 全部生产,还是放弃某种产品而集中争夺更有利润空间的某种产品?

同样以表 3.1 和表 3.2 为例,由于 P2、P3 产品销售前景较好,可以将 P1、P2、P3 作为市场销售的主打产品。而针对 P4 产品,可以简单进行成本核算,如研发 P4 需要 6M,安排一条全自动生产线生产 P4 需要 15M,共计 21M 的初期成本投入。这样需要销售 5 个 P4 才能收回 21.5M(以 9.3M 平均售价计算)的成本投入,而最后三年整个市场一共只有 12 个产品的销售空间,如果想有 5 个产品的销量,需要大量广告费投入。经过上面的分析,基本可以确定放弃 P4 生产。以上是常规的分析方法,但在战略预测的时候也要考虑竞争对手可能采取的方案,从而做进一步的选择。

▶ 2. 生产线如何安排?

手工、半自动、全自动、柔性生产线各需几条,分别生产何种产品?

由于放弃 P4 生产,因此不需要 P4 生产线。为了赶上第三年的销售高峰,可以在第一年的时候安装 4 条 P2 全自动生产线,第三年开始又可继续安装全自动生产线生产 P3 产品,具体情况视财务状况而定。

▶ 3. 不同的生产组合各需多少资金(包括原材料费、研发费、生产费用等)?

以两条全自动生产线生产 P2,一条全自动生产线生产 P3 为例,研发 P2、P3 需要研发费 3M 和 4M，生产线建设需要 15M×3＝45M，生产线维修费 1M×3＝3M，一条生产线一年生产 P2 和 P3 所需要的原材料费分别为 8M 和 12M，生产费用都为 4M，总计一年花费 40M(8×2+12+4×3)生产 P2、P3 产品，资金支出为 95M。

▶ 4．生产线建成后的最大产量是多少？

同样以两条全自动生产线生产 P2，一条全自动生产线生产 P3 为例，一年可生产 P2 产品 8 个，P3 产品 4 个。若第一季度新投产，则每年能完成的产品数量相应减去 1 个。

经过对数据的仔细分析，可以清楚地看到生产总监所需要的全部数据。

▶ 5．制订采购计划需要注意哪些问题？

采购计划是配合生产计划而自然产生的，需要注意以下两点：

（1）R3、R4 两种原材料需一个季度的在途时间，应比生产时间提前两期预定；

（2）若存在柔性生产线，由于产品类型不定，采购原材料时应考虑周全。

3.1.3　如何进行财务分析和融资计划？

▶ 1．财务分析

在企业沙盘模拟经营过程中，有的小组仅在没钱可用、现金断流的时候才开始思考解决办法，而没有整体的规划和预算，这样往往造成前期资金不能充分利用或资金浪费，后期现金断流不够用等问题。因此，在运营战略规划时，应有财务预算的意识，保证物尽其用，并且不出现现金断流的现象，这是财务预算的基本要求。

▶ 2．融资计划

面对不同的生产计划，何种贷款能够满足资金需求，何时贷款是最佳时期，如何保证利息支付最少而又能使现金不断流等，都是融资计划里应该考虑的问题。

根据不同的市场和计划安排，应考虑各种融资手段和恰当的融资时间。资金来源包括当前现金数量、年末可贷的长期贷款、各季度可贷的短期贷款、各季度可回收的应收账款等。此外，还应注意是否需要高利贷或应收账款贴现。

3.1.4　如何完成最终广告费的确定？如何选择合适的销售订单？

▶ 1．广告费的确定

在完成以上各项战略计划分析后，才可以确定市场部最终广告费的投入和市场订单的选择。经过财务分析，确定营销总监使用广告费的宗旨为：运用最少的资金，合理安排广告费在各个市场的分配，尽可能多地销售产品。当然也可根据不同的营销目的，采取不同的广告费分配方法：

（1）若想成为某个市场的市场老大，可以集中在一个市场多投广告费，多销售产品；

（2）若要最大可能地销售库存产品，可分散投资，在每个市场都销售产品；

（3）若想获得更多的毛利，可选择市场价格高的市场，多投广告费，尽量拿到毛利大的订单。

▶ 2．选择销售订单

营销总监除了完成合理的广告费分配外，还应该根据不同的财务需求选择合适的销售订单，具体分析如下：

(1) 数量大的订单能够销售库存产品,保证资金回流;
(2) 价格高的订单毛利大,对提高所有者权益贡献大;
(3) 应收账期短的订单有利于资金快速回流,可缓解现金压力。

因此,应根据当前财务状况选择订单:若现金紧张,应首选账期短的订单;若需要提高所有者权益,以便申请更多的贷款,则应优先选择价格高的订单;而在资金不紧张、对所有者权益影响不大的情况下,则应以最大销售量为选单前提。

3.1.5 怎样给相关的职位分配任务?

一项工作是指为了达到特定的组织目标而必须完成的若干任务的组合。工作分析是确定完成各项工作所需要的技能、责任和知识的系统过程,能够提供关于工作本身的内容、要求,以及相关的信息。通过工作分析,可以确定这项工作的任务和性质,所有这些信息都可以通过工作分析的结果——职位说明书来描述,主要内容包括职位基本信息、工作目标与职责、工作内容、工作的实践特征、预计工作完成结果、考核标准、教育背景、工作经历、专业技能、证书与其他能力。

企业沙盘模拟经营中的五个职位包括总经理、财务总监、采购总监、营销总监和生产总监,其主要职责已在第1章有所描述,这里不再赘述。

分配好相关职位的任务,使各职员分工明确、各司其职,这是完成企业沙盘模拟经营的必要条件,在模拟经营中,按其所涉及的内容可划分为以下三个阶段。

▶ 1. 第一阶段:赛前准备阶段

(1) 各职位研究与自己相关的规则,找出规则的变动,分析该变动可能产生的影响;
(2) 各职位准备好需要用的各种资料,如间谍统计表、采购订单表等;
(3) 将市场需求预测表转换成更易读懂的 Excel 电子表格,深入分析和研究市场,分别制定几种可行的战略;
(4) 做好全面的财务预算,确定符合战略目标的长、短期贷款数额。

▶ 2. 第二阶段:实战阶段

在企业沙盘模拟经营过程中,各职位首先要做好本职工作,监督好现金流的变动情况,并提供给财务总监,用于编制资金预算表、资产负债表和利润表等;然后还要考虑其他相关情况,特别是资金情况。

▶ 3. 第三阶段:间谍统计阶段

在该阶段,总经理负责相关财务数据的统计;营销总监负责统计无形资产(各产品研发、市场开拓及 ISO 认证)的投资情况;采购总监和生产总监负责各小组各产品产能的统计;财务总监监督好本组的盘面。

3.1.6 做好间谍有哪些好处?

俗话说:"知己知彼,百战不殆。"对一个企业来说,做好间谍工作就是"知彼"。波特五力模型中,对行业内现有竞争者的竞争能力的分析也揭示了同样的道理。不管在任何一个行业,最直接、最突出的竞争对手就是同行业竞争者。一旦确定了自己的首要竞争对手,就需要辨别竞争对手的特点,分析它们的战略、目标、优势与劣势,以及反应模式。

做好间谍有以下三点有利之处:

（1）统计出竞争对手的基础资料，有利于了解、分析和研究竞争对手，注重主要对手，适当关注对手；

（2）统计出竞争对手各种产品的产量、市场开拓情况及 ISO 认证情况，有利于了解竞争对手的投资策略、发展思路和发展潜力；

（3）对竞争对手各方面进行分析，有利于本企业更有针对性地进行投资、生产、开拓、认证及销售决策。例如，在制定广告策略时，根据竞争对手的产能，可分析出整个市场的供给情况，根据市场供求状况，选择有利于本企业的市场多投放广告费，以便销售更多的产品。这样，不仅节约了费用，还能拿到价格较高的订单。

3.1.7 如何做好间谍？

由以上分析可知，间谍工作可以给本企业带来诸多好处，那么接下来的问题就是如何做好间谍了。

▶ 1. 第一步，统计竞争对手的数据

一般来讲，制作一张全面、具体的间谍表是一个好方法，可参考表 2.23 和表 2.24。

总经理负责相关财务数据的统计，统计好各小组现金、往来款项（应收账款）及银行的长、短期借贷情况；营销总监负责统计各产品研发、市场开拓及 ISO 认证情况；采购总监和生产总监负责各小组各产品产能的计算，统计出各产品的供给量和所有产品的总供给量；财务总监留守盘面，一方面不让其他间谍人员随意更改本组的盘面；另一方面保持清醒头脑，为即将到来的财务预算做好准备。

各成员分工收集其他对手盘面信息，最终汇总，便于统一分析。

▶ 2. 第二步，通过对竞争对手的数据进行分析，深入了解竞争对手

（1）企业可以了解竞争对手的主打产品、非主打产品及其产能；

（2）依据竞争对手的市场开发情况、ISO 认证情况，初步分析出竞争对手的发展方向，即竞争对手的战略，这样就可以做到有的放矢，用尽可能少的广告费用拿到尽可能多的订单；

（3）根据竞争对手、应收账款的数量和期限，以及现金状况，判断竞争对手的财务状况是否良好，是否会发生现金断流的危险；

（4）根据竞争对手的厂房设备状况可以了解其产能状况和发展潜力，有助于调整自己的发展战略；

（5）根据竞争对手的原材料的订单情况，可以大致推算出竞争对手接下来要生产哪些产品，有助于调整本公司的生产计划。

3.1.8 各年短期决策有哪些侧重点？

基于以上的整体战略规划，在模拟运营过程中，每一年还应该有短期决策的侧重点。

第一年：企业的起步阶段，主要注重企业资产的投资（包括厂房、生产线、市场开拓、产品研发、ISO 认证等）、权益的控制，以及长、短期贷款的融资等。

第二年：企业的初期扩张阶段，继续追加各项投资，与第一年相似。

第三年：生死存亡的一年，在这一年中首先要特别注意现金流不能发生断裂，各项投资一定要做好预算；其次要注意控制权益，一定不能降为负值，如果有降为负值的风险则

要削减费用,如产品研发、市场开拓、ISO 认证等。

第四年:熬过第三年就迎来了黎明,资金压力稍缓,此时重点应放在生产线扩张上,为后两年销售腾飞打好基础,但也应注意适当控制费用。

第五年:继续扩张,逐鹿市场。

第六年:要将产品全部销售出去,并注意规则的巧用。

3.1.9 遇到什么样的市场该买厂房,遇到什么样的市场不该买厂房?

是否该买厂房要根据进入这个行业以后的市场发展状况进行分析。假如市场预测显示中后期市场产品需求量很大,本企业生产能力充分提升后产品仍能全部售出,则应该选择购买厂房,以求迅速扩张,增加市场份额,提高行业地位。倘若市场预测显示中后期市场衰退,需求量较小,各企业可能会因为订单数量稀缺导致激烈竞争,此种情况下就尽量不要购买厂房,节省各项费用,保证企业能够在恶劣的市场条件下生存下去,能够有更多的资金用于竞争。

遇到市场需求比较小、毛利率较低的市场一般选择购买厂房。因为此时如果租用厂房,虽然可用购买厂房的资金进行投资,但由于资金成本较高,扣除各项费用后的回报很难高于支付的租金,同时还承担了较大的风险;相反,在遇到市场需求比较旺盛、毛利率较高的市场,一般采用租用厂房,用要购买厂房的资金进行投资,因为在这样的条件下,投资回报将大于租金,从而为企业增加利润。

另外,其他竞争对手的实力也会对市场情况有所影响,对手实力较弱,留给自己企业的市场份额较大,就可以适度扩张;反之,倘若实力雄厚的对手较多,就要谨慎行事了。

3.1.10 怎样选择产品的研发计划?

产品研发是企业整个战略中最为重要、最为关键的部分,好的产品组合能使企业由高成本低利润率的生产平稳过渡到低成本高利润率的生产,决定整个企业的生存与发展。模拟运营需要进行研发的产品一般有三种:P2、P3、P4,但有时 P1 也需要研发(企业没有初始状态,只给一定的资金,完全由经营者负责新建企业的经营)。如果 P1 和 P2 都需要研发,则都是第一年完成研发,第二年开始就能进行生产,P3 和 P4 的研发是策略的重点,决策时除了依据市场需求、财务状况及生产线的投资选择产品及时机进行研发外,还应考虑产品的成本回收期和产品生命周期等因素。并不是两种产品都必须研发,有时只需要研发其中的一种产品。在选择了其中的一种产品进行研发后,再决策第二种产品是否需要研发时,主要考虑该产品研发后是否会增加企业的利润,如果不能,则计算其替代品销售增加的回报是否能弥补该产品的研发及各项相关费用的支出;如果能提高利润,应将增加的销售带来的回报与成本对比、权衡,有利则研发,无利不研发。该回报包括增加的利润、广告费的节约及更易争抢市场老大的好处等;相关成本费用包括产品研发费用、折旧费用、维护费用,以及在研发过程中所发生的各种借款的利息费用之和。

企业要选定一款产品作为自己刚进入市场的基础,这个产品就是 P1,每个队伍第一年都在抢订单,这无需多言。企业还要选择一款产品作为自己后期的主要利润来源,这款产品不仅利润要高、市场需求量要大,而且价格要稳定,市场需求不能大起大落。根据市场预测表判断,这款产品一般选择 P3 或者 P4,有的比赛中 P4 如同鸡肋(例如 2005 年北京赛区决赛，其单位产品的毛利与 P3 基本相同，但研发费用和直接生产成本要比 P3 高很多），而有的比赛中 P4 就是香饽饽。但是 P1 的价格太低，P3、P4 的研发费用及生产成本又太高，从 P1 直接过渡到 P3 或 P4，企业运营势必会很艰难，甚至有破产的危险，因此在低端产品和高端产品之间应该选出一款中端产品作为过渡，P2 或 P3 就是这样的产品。

一般来说，一个比较成功的企业的产品组合可能是 P1、P2、P3；P1、P2、P4 或 P1、P3、P4，少数情况是全部研发，但这些组合并不绝对，大家可以根据实际情况灵活选择，灵活应对突发情况，变通创新才是制胜法宝。

3.1.11 第六年该怎样利用规则才能得分更高？第六年必须做的事和无须做的事分别是哪些？

比赛最终得分的计算方法一般是：

$$总分＝所有者权益×(1＋综合发展潜力)$$

最终年的目标自然是最大限度地提升总分，要提升总分就要提升所有者权益和权益乘数，所有者权益一般到第六年可人为刻意提升的限度不大，但综合发展潜力却可以有很大空间，例如，买回大、小厂房，争夺一个市场的老大，在车间空余位置突击上生产线等。

另外，未到期的长期贷款是可以不还的，但是要交利息，而利息直接记入财务费用里。财务成本一定要控制好，不能让它吞噬掉利润。

在实际比赛中，应根据自己企业的实际情况以及比赛规则灵活处理，以求分数最大化。尽量减少不必要的失分，例如，无须订购第四季度的原材料，无须完成在制品的生产及第四季度的生产；如果投资的生产线不能生产出一个产品就变卖，不需要进行该生产线的投资等。

3.1.12 财务总监向来是保守的，营销总监天生是激进派，总经理该怎样权衡？

在很多参赛队伍中，财务总监是最不喜欢大把大把的货币被拿出现金库的，每当营销总监、生产总监及采购总监从财务总监处要钱时，财务总监总是不乐意，在应收账款到期收现的时候却是最高兴的。财务总监的这种保守性格是本身特性的自然流露，无可厚非。

而营销总监则正好相反，正如市场竞争所要求的那样，营销总监必须是一个勇于冒险、敢打敢拼的人，唯有这种人才可能在市场竞争中叱咤风云。他们信奉："收益总是和风险成正比的！"

企业做决策的时候，总会有保守派和激进派，财务总监和营销总监往往是这两派的代表人物。激进派要多投广告费、多上生产线、多研发产品、多开发市场，而保守派则总是抱怨现金不足、权益过低、现金流即将断裂。

总经理作为团队的核心，应该对企业的现状有一个清醒的认识，对于财务总监的种种忧虑，总经理要认识到哪些是当前需要考虑的，哪些是后几年要注意的。在财务总监有可能夸大的财务底线下，总经理应有一条更精确的企业生死线，因为企业平常状态下的经营会在财务总监的底线之上，但有的时候企业会需要进行破釜沉舟的一搏，此时总经理应更好地把握冒险的尺度。

对于宏观市场环境，总经理也要心如明镜，了解市场环境变化的趋势以及国家政策的影响，市场机会稍纵即逝，适当的冒险是非常有必要的，任何企业的经营都是有风险的，没有风险哪里来的丰厚回报。但做企业也要会规避风险，哪些风险值得，哪些风险不值得，怎样能以最小的风险取得最大的回报，总经理乃至每位队员心里都应反复权衡。例如，第一年用20M以上的广告费抢第一单，这个风险可能就不太值得，但中期大量贴现来上生产线这个财务风险就可能比较值得，但也要掌握好分寸。

财务总监和营销总监的矛盾也许是天生的，但对于企业沙盘模拟经营来说，这种矛盾就缓和得多了，由于大家只有共同目标，没有相互利益的冲突，个人的价值都是依靠团队目标的达成来体现，因此双方很容易协调。同时，其他各职位也都应了解市场和财务的相关情况，在市场做好初步的广告规划后，应提出新的思想并加以改进，争取用最少的广告费拿到最好的订单。同样，财务总监要在确保资金不断流的情况下尽量地支持市场，因为财务的资金都是靠市场销售来实现的。

3.2 财务模块

财务管理的目标是企业价值最大化，整个财务运作的过程都是围绕这一核心目标展开的。其中，筹资管理是财务管理的核心问题之一，公司筹资就是根据其对资金的需求状况，通过各种筹资渠道，采用一定的筹资方式筹集公司生存和发展所需资金的行为。在制订筹资计划时，应注意债务期限的配比问题，做好长短期资金的匹配。厂房和生产线的投资要根据具体情况具体对待。订单的选择、生产的计划，以及现金流和费用的控制，都要以企业价值最大化为目标，每年运营结束前，对利润表、资产负债表、现金流量表都要进行准确的核查。

3.2.1 财务预算有哪些好处？

财务预算是整个沙盘模拟经营过程中最重要的工作之一。财务预算最大的好处就在于使企业的现金流处于掌控之中。广告费的投入、生产线的投产、新产品的开发、原材料的购买等一切都离不开现金，因此，应该一开始就做一个精细全面的现金预算。否则，企业会面临资金链断裂、成本加大、其他经营环节受牵连，甚至导致破产。

财务预算的好处主要表现在以下几个方面。

▶ 1. 财务预算可以预测未来时期，企业对到期债务的直接偿付能力

在模拟经营的过程中，如果财务总监能在每年年初做出相应的预算，则能提前预测资金短缺的时点，进而在现金流出现缺口之前安排筹资，从而避免在长、短期借款到期时，因无法偿还而要通过贴现或高利率等方式渡过难关。财务预算还可以避免企业以后因融资困难而导致其他经营环节受到牵连。

▶ 2. 财务预算的编制有利于企业及时调整运营计划，便于强化内部控制

在每年年初的工作会议上，团队成员在总经理的带领下都要做出本年的年度经营计划，一旦确定全年计划，财务总监就要对这个计划的现金流是否可行做出预算。如果发现

某个经营时点将出现现金短缺，那么这个计划就是不可行的，即需要调整工作计划。只有当全年的计划在执行的每一步中都不会出现资金断流时，这个计划才堪称是可行的。

▶ 3. 财务预算的编制能够达到加强团队协作的目的

由于财务预算的编制是以销售预算、采购预算、生产预算、研发预算等各项经营预算为基础的，所以在每年年初的时候，财务总监应从其他团队成员那里获得相应的预测数据。通过团队成员之间的沟通交流，可以避免因责任不清而造成的职责上的相互推诿。

▶ 4. 财务预算的编制可以避免出现现金不足等突发事件

财务预算是企业沙盘模拟经营中的重要工具，做了财务预算就可以避免在经营中出现现金不足的突发事件。第一，可以知道各季度需要的借贷额，依此进行贷款；第二，可以减少对流动资金的需要，节约财务费用；第三，可以避免停产和资金断流等情况；第四，可以全面了解企业的财务情况，做出符合企业战略目标的投资决策。

3.2.2　怎样做好长期融资？

长期融资主要用于企业的固定资产和无形资产投资，即用于回收期限比较长的投资，企业进行的长期贷款应该满足这些长期投资的需要。

企业沙盘模拟经营中，当企业需要资金时，可以向银行申请长期贷款。长期贷款的额度取决于本企业上年末的所有者权益，如果企业新申请的长期贷款金额加现有贷款余额小于或等于上年末所有者权益的3倍，则银行会批准该申请。每个企业只在每年年初有一次申请长期贷款的机会。

关于长期贷款资金的使用，可以有两种选择。

▶ 1. 保守型

持保守型观点的人认为在第一年年初应当适度贷款，数量能够满足第一年的年初经营就行，而不必将所有者权益规定的额度全部贷满。如果贷满，就将面对今后5年，每年18M的巨额利息费用流出的问题，以及最后一年180M的巨大还款压力，以免直接造成所有者权益大幅下降。保守型还认为应在第二年年初的时候根据当时的形势再借长期贷款，并且有效控制其金额，或者理性地选择借短期贷款和贴现，这样就不会造成今后5年，年年需要支付巨额利息费用。

▶ 2. 激进型

持激进型观点的人认为，第一年就应将所有者权益范围内的长期贷款全部贷满，以备今后几年的现金流出。这样做的理由如下：

（1）长期资金的主要目的是投资生产线，扩大产能，而在企业沙盘模拟经营中，要取得决定性的胜利，扩大产能是必要的。如果在第一年不借入长期贷款，那么第二年内产能的扩大就要靠短期资金的支持，这在财务上是致命的。

（2）持保守型观点的人为了第二年借入长期贷款，势必会限制第一年生产线的投资，以避免所有者权益的大幅下降，导致第二年无法借款，那么持保守型观点的人就比持激进型观点的人晚起步一年，即投资晚开始一年，那么产能上势必无法与激进型的组相比，自然也就会影响到市场拿单，进而影响销售收入。至于持保守型观点的人所顾虑的每年18M巨额利息的问题，实际操作时会发现：由于产能增大所带来的销售收入的增加，使利息的偿还完全不具有风险。只要公司在以后年度内不出现重大经营失误，第六年年末的还款是能够轻松实现的。

3.2.3 怎样做好短期融资？

短期融资主要是为满足流动资产投资和企业日常经营的需要，企业每一季度进行短期贷款后的自有现金流都需满足本季度的日常经营和下一季度的还贷。

企业沙盘模拟经营中，当企业需要资金时，可以向银行申请短期贷款。短期贷款的额度也取决于本企业上年末所有者权益的多少，如果企业新申请的短期贷款金额加现有贷款余额小于或等于上年末所有者权益的3倍，则银行批准该申请。每个公司在每年有四次申请短期贷款的机会，按照运营表的项目，应该在每季度初现金盘点之后。如果企业在第一季度申请短期贷款，则要在下一年的第一季度还本付息。和长期贷款一样，短期贷款也是只能先还后借，即还款后，如果所有者权益允许，则还可续借短期贷款。

对于短期贷款而言，采取的策略就是充分利用其灵活性，数量上够用即可。因为短期贷款就是为弥补企业流动资金不足而设的，除非有次年权益下降导致实际贷款额超出界限等紧急情况出现，否则不要贷多。那么，多少才"够用"呢？每季度初的现金加上本期短期贷款资金应能够维持到更新应收款之前的支出，而更新应收款之后，季末的现金应能够归还下季度初要还的短期贷款本息。若余额不够下季运营，还可再贷。另外，短期贷款的申请应根据企业资金的需要分期进行，不要挤在一个季度，这样可以减轻企业的还款压力。

3.2.4 怎样灵活地利用短期融资？

首先，对企业年内各个季度的现金收支项目做出预算，根据需要将贷款数额分散，这样就减轻了企业下一年各季度的还贷压力；其次，贷款额以满足企业的日常经营需要为度，不需要多贷，当然更不能少贷，既满足了企业的需要也节约了财务费用。

3.2.5 长期融资和短期融资的优缺点分别是什么？该怎样利用？

筹资是为了维持企业的正常运营，因此，筹资的目的在于最大限度地满足公司发展的需要。在企业沙盘模拟经营中有两种筹资方式，即长期贷款和短期贷款，它们因自身的特点，又存在不同的优缺点。只有充分发挥这两种筹资方式的优点，扬长避短，才能为企业提供充足的资金。

相对而言，长期贷款还款期限长，企业每年面对的还款压力小，又存在利息高、申请时间固定(每年一次)等缺点。短期贷款灵活性好(每年四次)，但是次年还本付息，企业面临的还款压力则会较大。

在利用长、短期贷款时，为了发挥各自的长处，最简单的方法就是进行债务期限的配比。长期贷款成本高、还款周期长、风险小；相反，短期贷款成本低、还款周期短、风险大。因此，我们只能综合利用这两种不同的贷款方式，对于回收期比较长的投资使用长期贷款，回收期比较短和企业的日常经营所需要的资金使用短期贷款。

3.2.6 怎样做到长期融资和短期融资的匹配？

财务总监在制订融资计划时，应注意债务期限的配比问题，即长、短期借款的合理搭配。由于长期贷款的利率要高于短期贷款，在模拟经营时，有些团队出于节约财务费用的考虑，在选用融资方案时采用短期贷款。虽然适当的短期贷款可以降低总的融资成本，但是如果短期贷款的量过大，会造成企业在整个运营过程中的财务流动性不足，财务稳定性下降。所以，这些团队的融资决策总是导致6年的经营陷入借新债、还旧债的死循环，偶尔还要通过贴现或借高利贷渡过难关，还可能导致企业最终资金链断裂，面临破产的危险。

长期贷款和短期贷款的筹资速度、筹资成本、筹资风险以及借款时企业所受的限制均有所不同，那么，如何做到长短期融资的匹配呢？财务上有条原则：一定不能用短期负债解决长期资金的问题。一般而言，长期债务通常用来融通长期资产或固定资产，如厂房、设备等；而短期资金的借入通常用来融通短期资产，如存货和应收账款等。当存货售出或应收账款收回时，短期负债就被偿清。

当长、短期贷款的总额是企业所有者权益的一定倍数时，企业应先预计前几年各年需要的贷款总额及当年的所有者权益。如果某一年的贷款额度不能满足企业所需要的贷款总数，就需要企业在前些年有贷款额度时多贷长期贷款；如果企业所需要的贷款总数超过贷款的额度，可适量地使用长期贷款，部分使用短期贷款。

3.2.7 应该怎样利用各种融资渠道借到最大限度的资金？

在企业沙盘模拟经营中，能够使用的融资方式主要有长期贷款、短期贷款、贴现、厂房贴现、卖厂房再贴现，这几种融资方式的比较如表3.3所示。

表3.3 各种融资方式比较

融资方式	利率	还款期	申请期	其他限制条件
长期贷款	10%	5年	每年初	先还，再在所有者权益规定的范围内贷款
短期贷款	5%	1年	每季度	先还，再在所有者权益规定的范围内贷款
贴现	10%；12.5%	—	随时进行	有应收款
厂房贴现	12.5%	—	每季度	厂房自有
卖厂房再贴现	10%；12.5%	—	—	—

通过表3.3可以看出，单从筹资成本来看，银行贷款是最划算的。在实际操作过程中，企业财务总监应尽量做好筹资规划，选择合适的筹资方式，设法提高企业的所有者权益，充分利用各种融资渠道，按其最高限额进行借贷。另外，可对应收账款进行贴现，必要时也可以将厂房进行买转租。

3.2.8 负债经营有哪些好处？

在企业沙盘模拟经营过程中，有些队考虑到节省财务费用支出的问题，尽量少贷款或者不贷款。实际上，负债经营是有很大好处的，它能给企业带来"财务杠杆效应"。一般情况下，当贷款的利息率低于其投资的预期报酬率时，企业可以通过借债提高预期收益，即企业收益会更高。企业可利用负债节省下来的自有资金创造新的利润。

当然，负债经营也会同时扩大预期收益的风险。因为一旦情况发生变化，如销售萎缩，由于固定额度利息的负担，当实际的报酬率低于利率，则贷款不仅没有提高收益，反而使预期收益减少,即在资金利润率下降时,投资者收益率将会以更快速度下降,企业甚至可能因为不能按期支付本息而破产。

负债经营就是"借别人的鸡来下自己的蛋",理论上借来的钱越多越好。在企业沙盘模拟经营中,借来的钱越多就能支付越大数额的广告费,继而开拓更多的市场、抢占更大的市场份额。此外,从生产角度考虑,现金充裕便可研发更多的产品以提高利润率,上更多的生产线以扩张自己的生产能力,最终为自己的企业赚得更多的利润。但是无论在现实中还是在模拟经营过程中,都不允许一个企业无限制地负债,因此如何最大限度地负债就是每支队伍需要绞尽脑汁思考的问题。

总而言之,负债经营有以下好处:

第一,负债的成本比股权资金成本低,即投资者用别人的钱为自己赚钱;

第二,负债有助于企业扩大规模,实现规模经济效益;

第三,支付的利息可以在税前抵扣,减轻了企业的税款负担。

3.2.9　怎样提高厂房的利用率?

在提高厂房的利用率方面,对于有初始状态的情况,首先在厂房的空位处进行投资,其次淘汰手工生产线进行投资,等厂房满后租用其他厂房一次进行多条生产线的投资;如果没有初始的状态,可以先购买大厂房(一般来说,初期财务比较宽裕,等后期财务紧张时可转为租用)进行生产线的投资,等厂房满后再租用或者购买(一般是租用,有财务能力可先进行生产线的投资)小厂房进行生产线的投资。

3.2.10　厂房是选择购买还是选择租用?

在企业沙盘模拟经营中,购买厂房只能在每年前期进行,购买时只需要将等值现金放到厂房价值位置即可,已购买的厂房不需要缴纳租金。那么,厂房究竟是购买划算还是租用划算?在不同的情况下有不同的选择。下面通过数据来说明。

大厂房的购买价格为40M,每年租用费用为5M;小厂房的购买价格为30M,每年租用费用为3M。如果借长期贷款把厂房买下来,利率是10%,每年的利息大概是7M,而租金是每年付8M。如果将租厂房改为买厂房,那么每年就会减少1M的费用,而这1M可直接视为净利润的增加。然而,计算的前提是借长期贷款买厂房,如果公司当前的权益较低,无法进行长期贷款,那么怎么办?厂房既是投资项目,也是融资手段。上面计算过,相对于租赁,购买厂房可获得相当大的资金收益率。如果将厂房作为融资手段,出售厂房一年相当于借入利率12.5%的贷款,可见,出售大厂房的融资方式与三、四季度的应收账款贴现一样。所以,厂房应该在资金比较宽裕的年度买进,不仅有利于获得投资收益,而且有利于最后加分。

一般来说,市场较大、利润空间也比较高时,选择租用厂房,用购买厂房的那一部分资金进行生产线的投资;如果市场较小、利润空间较低,企业的产能也能满足市场的需求,这时应选择购买厂房。

3.2.11　已有的大厂房是否该卖?什么时候卖合适?

模拟企业最初若是买进大厂房,则大厂房是企业的自有资产,在企业资金紧张时,卖厂房也不失为一种好的融资方式。企业卖掉厂房，可获得 4 账期的应收账款。卖了厂房就要交租金，所以厂房的融资成本是 5÷40＝12.5%。但是卖厂房的缺点在于不能立刻变现，如果卖了立刻贴现，那么筹资成本就会成倍增长，所以厂房的出售应是有前瞻性的，应该在预算中所显示的出现资金缺口的前四期进行，进而有效地降低筹资成本。按照以往经验，厂房应该在第一年的第四季度卖出，这样第二年的第四季度就有现金流入，恰好以备第三年资金周转，因为往往第三、四年的资金是最紧张的。

市场较大、利润空间较高时，应该变卖大厂房进行生产线的投资；相反，如果市场较小、利润空间低时，则不应该进行生产线的投资。但如果企业的日常经营发生困难，就应该变卖厂房以维持企业的日常经营，此时厂房的变卖应该选在第一季度进行，这样变卖厂房的资金就能最快地收回。

3.2.12　有钱时应该用来购买厂房还是投资生产线？

有钱时应该尽量投资生产线，因为投资生产线可多生产产品，产品卖出所得的收益要远高于厂房的租金费用，这正是许多队伍第一年租大厂房上生产线的原因。

企业沙盘模拟经营的竞争其实就是产能扩张的竞争，企业的产能提高了，销售增加了，利润自然就增加了。如果是购买厂房，尽管节约了租金，但却没有扩大企业利润的来源，从而没能在根本上实现利润的增长。

3.2.13　小厂房是否值得购买？

应当在资金充裕的经营终止年购买小厂房以减少租金费用，并且作为比赛加分项。

在企业还要进行生产线投资时，小厂房不值得购买，应该租用。但在生产线投资完后就应该购买，最迟在第六年购买。另外，小厂房是否值得购买还要根据企业经营状况决定，小厂房的容量比大厂房的容量小，在后期企业扩张时会成为企业的一个制约因素。

3.2.14　如何安排生产才能满足现金回笼的需要？

为了满足企业经营现金流的需要，财务总监进行预算时会对交货的时序提出一定的要求，这时就要求生产部门合理安排生产，提供能满足各个交货时点的产品。在实际操作时，可以先确定各季度半自动和全自动生产线的产量，推算各季度所需要的手工和柔性生产线的数量，再根据原材料的订购情况安排各季度手工和柔性生产线的生产。

3.2.15　怎样调节订单的交货顺序，以达到现金流的通畅？

如果企业是高速发展的，那么在任何时刻，现金流都是稀缺的。而销售收入是企业赖以生存的主要资金来源，销售收入的适时变现能够为企业的发展带来很大的财务力量支持，所以可以通过控制销售收入变现时间的方式，来控制现金流入时间，进而达到节约筹资成本，保证现金流畅的目的。

企业沙盘模拟经营中的订单分为加急订单和普通订单。加急订单要求在第一季度交货，而普通订单可以在年内任何一个季度规定的时间交货。可见，普通订单的交货时间是可控的。

普通订单的交货顺序应在年初计划确定。在财务总监做出年度计划之后，可以清楚地看到本年的四个季度内哪个季度的现金流比较紧张，需要资金的迅速变现，然后根据生产情况，结合资金缺口数量往前推账期，从而确定交货时间，选择合适的订单交货。如果年内未显现出明显的资金缺口，但现金流比较紧张，则应先交账期短、金额大的；如果四季度内资金都比较充裕，那么应先交账期长、金额大的，以备来年之需。

财务总监应根据现金流的需要，通过调节交货时间实现对应收货款回收期的调节。例如，若企业第三季度需要的现金量多，前两季度基本不需要收回现金，那么应在第一季度选择交两个账期的订单，第二季度选择交一个账期的订单，第三季度选择现金收款的订单进行交货。

3.2.16 财务总监怎样和其他职位配合，做到现金收支的相互监督？

财务总监要填列的现金流量计算表和总经理要填写的业务流程表基本相同，在财务总监填列现金支出时，总经理只要在每项产生现金收支的业务流程所对应的空格内填上现金收支的数目就可以获得另一个独立的现金收支账目，然后每季度与财务总监对账，即可做到现金收支的相互监督。

企业的现金收支与各部门的业务往来是相对应的，当有现金收支发生时，财务总监应该通过这些相关的职位转收和转支，实现对资金收支的监控，即各职位监督与自己职位相关的现金收支，与职位不直接相关的银行借贷由总经理监督。

3.2.17 在需要贴现时，应选择应收账款的何种账期进行贴现？

贴现是企业的融资方式之一。有时候，因为现金流突然产生缺口，而又无法用贷款的方式进行融资时，就需要将应收账款提前变现。若提前使用应收账款，则必须按10%或12.5%的比例提取贴现费用。只有有足够的应收账款，才可以随时贴现。应收账款贴现时应按需进行，不多贴，而且需要有选择地进行。在选择贴现的应收账款时，应尽量选择离贴现时点远的应收账款，因为短账期能够在近期收现，尽量有效地节约融资费用，避免下次因现金流的断流而产生再次贴现。应收账款期限不同而贴现费用相同的，应选择账期长的账款贴现。

3.2.18 现金的库存量应该在什么范围内？

一般认为现金的库存应尽量减少，如果现金库里存放大量未加使用的现金，那么企业的筹资成本就是白白付出的，无法产生收益，所以现金要通过支出产生收益。当然，现金的库存量也不能过低，应满足企业的经营需要，即保证现金流平稳，不产生断裂。

3.2.19 怎样使财务费用最小化？

财务费用在整个企业费用中占的比重非常大，它的发生直接导致企业所有者权益的减少，那么有效地控制财务费用就显得尤为重要。财务费用包括两方面的内容：借款利息和贴现费用，要降低财务费用就得减少这两方面的支出。可以采用的方法有：多做财务预算；减少不必要的贷款，多使用短期贷款；调整企业的交货时期，争取少贴现。要控制财务费用的支出，主要应关注以下两个方面。

▶ 1. 筹资方式的选择

不同的筹资方式产生不同的筹资成本，在实际操作中应根据具体情况尽量选择成本低的筹资方式。

▶ 2. 财务预算的准确性

如果财务总监能够有效地进行年度现金收支的预算，那么企业在本年度内面临的现金缺口就一目了然，进而筹资方式的选择也就比较准确，从而避免了因突然的现金缺口而产生不必要的财务费用。

3.2.20　全自动生产线应该在哪些季度投资，才能使折旧费用最低？

要使新投资的全自动生产线折旧费用最低，就要使新投资的生产线正好在下一年的年初建成，能在第一季度上线进行生产。这就要考虑全自动生产线所需要的建设时期，对于建设时期为四期的全自动生产线需要在第一季度开始进行投资，建设时期为三期的全自动生产线需要在第二季度开始进行投资，依此类推。

3.2.21　综合费用表的相关项目数额与盘面的费用中心怎样保持一致？

综合费用表的填写是个难点，它是完成财务报表的基础，直接关系财务报表能否获得正确的数据。在企业沙盘模拟经营过程中，综合费用表的数据很容易出错，主要是因为其相关项目数额与盘面的费用中心很难保持一致。

根据经验进行综合费用表的填写也是可以省时又省力的，可将综合费用表的项目分为直接获取和盘面盘点两类。直接获取的包括"管理费"和"广告费"。"管理费"不变，每季度1M。"广告费"由营销总监处直接获得。盘面盘点类包括：生产线的维护费都是每年每条1M，因此盘面上有几条已建成的生产线，就发生相应的"维护费"；"租金"反映的是租厂房支付的金额，如果厂房为自有，则该项为零，如果厂房为租用，直接填写租金数额；"转产费"是指生产线转产发生的费用，在四类生产线中，只有手工线和柔性生产线的转产是免费的。一般来说，企业应该计划好生产，能不发生转产费用就不发生，因为产生费用的转产是不合算的。"市场准入""资格认证""产品研发"都是根据盘面直接填写，但是盘点的时候应注意与运营表核对，以防出现忘记支付的情况。"其他"项目中应计入变卖生产线产生的费用、紧急采购的损失、出售库存的损失和订单违约的损失。注意到以上几项，综合费用表的填写就不难了。

综合费用是由其他各职能部门规划的，在费用发生时由相应部门总监向财务总监申请资金，并由各部门总监自己摆放在盘面上。在做综合费用表时，再由各相关相应部门总监提供这些原始数据，这样既相互监督又保证了数据的一致性。

3.2.22　企业盈利时应怎样选择投资和缴税？

企业盈利时可以考虑多投资，但对于那些不是迫切要求的投资，不必将其提前进行，应先缴税。如果提前投资，可能导致既没有充分的利用资金，又因所有者权益下降影响企业融资的情况发生。

3.2.23 企业应进行怎样的税务筹划？

企业有时会出现多盈利的 1M 正好需要缴税，这时就可以用这 1M 进行投资，或者用其作为贴现费用以便能够收回一定的现金。

3.2.24 怎么计算每种产品的毛收益？

产品的毛收益又叫作产品的贡献度。由于每种产品所使用的原材料不同，因此所涉及的全成本就不同，如果能准确计算不同产品各自的全成本，根据销售额就可以计算出该产品的产品贡献度，那么就会知道哪种产品是赚钱的，哪种产品是赔钱的，企业的成本在哪些地方失控，哪些是薄弱环节，进而找出原因，进行改进，降低成本。

产品的毛收益究竟要怎么计算呢？

（1）将企业沙盘模拟运营中涉及的费用做个概括，主要包括广告费、产品生产成本、研发成本、利息成本、生产线维护成本、行政管理费和市场开拓成本。这些成本中，有些是可以直接归集到不同产品的，包括广告费、生产成本、研发成本，剩下的间接成本都需要在产品间进行分配。

$$间接成本分摊比例 = \frac{不能直接分配的成本总额}{总销售额}$$

每种产品应分摊的间接成本 = 该种产品的销售额 × 成本分摊比例

每种产品的全成本 = 该种产品的直接成本 + 该种产品的间接成本

每种产品的毛收益 = 该种产品的销售额 − 该种产品的全成本

（2）用各种产品的销售额减去相应产品的直接成本就得到该产品的毛收益，再用它除以这种产品的销售数量，就得到该种产品的单位平均毛利，即单位平均贡献。

3.2.25 财务预算涉及哪些收支项目？

财务预算涉及的现金支出有税金、广告费、还贷款、利息、采购原材料、生产线投资、生产加工费用、产品研发、行政管理费用、生产线维护费、厂房款、租金、市场开拓费及 ISO 认证费等；财务预算涉及的现金收入有借款、贴现款、应收账款及现金销货款。

财务预算的要点在于对企业运营现金流量和存量的控制，而要对此进行有效控制，就应该首先熟悉企业与现金流入、现金流出相关的项目。

企业沙盘模拟经营中涉及的企业收入较为简单，仅包含两个方面的收入，即销售商品收入和固定资产变卖的收入。

支出涉及的相关项目则比较多，可以大致分为以下几类。

▶ 1. 广告费支出

广告费支出由企业的年度营销策略决定。在沙盘规则中，广告费支付是在银行融资（长期贷款或短期贷款）之前进行，只能用上年年末现金余额或应收账款贴现。广告费的支出为年初一次性支付，在很大程度上受制于企业的财务能力和盈利能力。

▶ 2. 投资支出

投资支出又可以具体到两方面的内容：固定资产投资和无形资产投资。固定资产的投资包括生产线投资和厂房投资。一般情况下，固定资产投资的特点表现为两头高、中间低：在运营初期，扩大产能的愿望强烈，而企业的所有者权益也相对较高，具备相当的融资能力；中期，所有者权益大幅度降低，财务吃紧，无法继续投资；后期，权益升高，现金充裕，可继续加大投资规模。无形资产投资主要包括产品研发、市场开拓、ISO 认证，这些支出的大小主要取决于市场方面的策略，本身无法收回，只能靠销售收入补偿。无形资产投资开支额总体呈现递减趋势，即初始几年支出额较大，越往后越小，最后两年一般不支出。

▶ 3. 一般常规开支

一般常规开支包括管理费用开支、生产线维护支出等。这些支出与公司短期策略无关，是必须支付的费用，从整体上看，呈逐年增加的态势。

▶ 4. 其他支出

其他支出包括短期贷款、利息、贴息、厂房租金、加工费、原材料采购等。

3.2.26　怎样从其他职位那里获得对于相关收支项目进行财务预算的帮助？

财务预算应该是在每年年初其他职位提交相应的计划之后进行，要准确地进行财务预算，离不开其他职位人员的帮助。反过来，财务预算也能够有效地评价其他各职位所做的计划是否可行，如果计划的执行导致现金流出现缺口，那么就需要更改整个计划。

在做财务预算之前，财务总监应得到的资料有：销售部门的广告计划和市场开拓计划、ISO 认证计划、产品研发计划、销售收入的预算；采购部门每季度的采购计划；生产部门的生产计划、生产线报废和购置、转产计划等。只有在得到这些数据之后，才能做出准确的现金流预测，可见部门之间的数据共享是非常有必要的。

在年初的讨论会上，营销总监、生产总监和采购总监要向财务总监报告本年度所有在自己职责范围内的支出项，总经理负责监督，不能漏掉任何一项。在预算时，这些与其他职位相关的收支项目的数据由费用的发生者提供，起到相互监督的作用。

3.2.27　怎样控制企业的所有者权益？

企业上一年的所有者权益关系企业在本年的贷款数额，如果一个企业的财务总监预算做得好，那么年初就能大体看到本年年末的所有者权益情况。企业沙盘模拟经营规则明确规定，长、短期贷款的总额度为上年权益总计的 3 倍，长期贷款按 10M 的倍数申请，短期贷款必须按 20M 的倍数申请。举个例子，如果企业本年的预计所有者权益为 19M，那么企业如果在次年申请短期贷款只能按 20M 的 2 倍申请，即获得 40M，长期贷款也只能获得 50M。如果企业本年的所有者权益能提高 1M，那么短期贷款的额度就可以增加 20M，长期贷款的额度可以增加 10M，这对企业而言可是笔不小的融资数额，很有可能为企业来年节余下 10M 以上的贴现费用。所以，进行所有者权益的控制就变得十分重要。这个时候，可以通过控制本年的综合费用达到目的，减少某个项目的费用，从而为企业赢得融资额度，扩大未来几年的发展空间和发展速度。

企业能从银行借贷的资金为其所有者权益的一定倍数并按 10M 的倍数取整，因此企业为了能借到更多的资金就需要控制好企业的所有者权益，当所有者权益的这一倍数接近

10M 的倍数时，就需要想方设法地增加权益，可以考虑以下几种方式：①推迟产品的研发；②推迟市场的开拓；③推迟 ISO 的认证；④推迟生产线的投资；⑤变卖不用再计提折旧的手工生产线，节约维护费用。

3.2.28 怎样保证利润表项目的准确、可靠？

利润表是以订单登记表、商品核算统计表和综合费用表为基础填写的。只有正确填写以上三个表格，利润表的完成才是有据可循的。"销售收入"是企业完成的订单金额，这里一定是已经完成的订单金额，对于没有完成的(违约的)销售收入一定不能计入。该项目金额可以根据商品核算统计表的销售额填写。这里要注意，不能根据订单登记表的销售额填写，因为两个表的销售额可能出现不同，订单登记表是在每年年初订货会开完后填写的，它反映的是企业本年度获得的订单数，而非已经完成的；而商品核算统计表是在交货后填写的，是企业本年已完成销售的反映。"直接成本"的来源和"销售收入"相同，根据商品核算统计表填写，金额等于订单产品的材料费＋加工费。"综合费用"来自综合费用表的合计数。"折旧"就是沙盘盘面上在"设备折旧"里提取的金额，折旧的提取方法在每次运营时的规定可能不同，到目前为止有两种方法：直线法和余额递减法。直线法又叫平均年限法，采用这种方法计算的每期折旧额均是相等的。

$$直线法的每年折旧额 = \frac{某类固定资产原值 - 预计残值}{该类固定资产的使用年限}$$

余额递减法的每年折旧额＝每一期期初固定资产账面净值÷3(向下取整)

在建工程以及当年新设备不提折旧。"财务收入/支出"对应的是贷款利息＋贴息。

最后是"所得税"项目的计算问题。该项目的填写是个难点，在企业沙盘模拟经营中发现所得税计算错误的情况出现得比较多。

$$所得税 = 利润总额 \times 所得税税率(这里的所得税税率是25\%)$$

得到的结果四舍五入。这里要注意的是先弥补亏损后缴税的问题，即利润表中"税前利润"为负数的年度不考虑缴税，"所得税"直接写零。当"税前利润"项目为正数时，应先弥补完以前年度的亏损再缴税，弥补亏损的这几年不缴税，弥补完亏损的最后一年应以弥补后税前利润余额为基础计算税额，以后营利年度直接用上面提到的公式以及利润表中的利润总额为依据计算。

正确填写以上项目后，利润表应该就不难做出了。

第一，利润表的许多项目数据都来源于其他表，因此，必须保证其数据来源的连贯性。

第二，与其他职位相关的数据由其他的职位提供。

第三，其他职位也应对利润表进行检查，避免各种错误的发生。

3.2.29 资产负债表出现不平衡可能的原因有哪些，应该怎样检查及改正？

企业沙盘模拟经营中的资产负债表只要按照盘面填写就可以。资产负债表的格式，左边是资产类，右边是负债和权益类。先看资产类，资产类的"现金"和"应收账款"都可以在盘面上直接盘点，应注意"应收账款"是将四账期内的应收账款全部加和。"在制品"是指还在生产线上的产品价值；"成品"是指产成品库里的产品价值；"原料"是指原材料库的材料价值；"土地和建筑物"是指拥有的厂房的价值；"机器和设备"是指提取折旧后生产线的净值，这里要注意生产线的折旧是否已经正确提取；"在建工程"是指尚未完工建成的生产线上已经投入的资产价值。

再看负债类，"短期负债"和"长期负债"分别是盘面上相应贷款栏中各个账期贷款的合计数，这里要注意，"长期贷款"的填入数应是总的长期贷款数减去"一年内到期的长期贷款数"。由于沙盘模拟运营中取消了组间交易，所以"应付账款"一栏不填写。"应交税"即利润表中的应交税金数。

之后是权益类的填写。企业沙盘模拟经营中不会出现新的资本投入，因此"股东资本"不发生变化。

"利润留存"是上一年度的利润留存与上年净利润之和；"年度净利润"即本经营年度取得的净利润，把损益表上的净利润填入即可。最后，验证"总资产"是否等于"总负债"与"所有者权益"之和。

如果每步程序都是严格按规定进行盘面操作，资产负债表的填写应该没有问题。当然，通过以上分析可以看到，资产负债表中一些项目的填写要与利润表的相关数据衔接，所以一定要在完成利润表的基础上再完成资产负债表。

那么，如果资产负债表出现不平衡的情况，一般容易在以下几个环节出现问题。

（1）现金的收支是否已正确入账，有没有忘记入账的收支发生。另外，发生的各项费用是否已用现金支付，即放在盘面指定的区域内。

（2）应收账款，长、短期负债的加和是否有误。

（3）机器设备是否正确提取折旧，设备净值计算是否正确。

（4）利润留存的计算是否有误。

3.3 市场模块

企业的生存和发展离不开市场这个大环境，市场是企业赖以生存的土壤。要适应瞬息万变的市场，就需要团队把握市场走向，进行市场预测和调查。市场预测是企业战略制定和实施的重要前提，而市场调查则是调查客户需求和竞争对手的生产能力、投资组合、资本结构等，以便合理利用资源，例如在广告投入方面进行调查可以发现本企业与竞争对手在策略上的差距，再根据自己的实际情况制定可以取胜的策略。同时，要注意从宏观上把握市场领导者的优势，利用这一无形资产更好地提高市场占有率。

3.3.1 如何预测市场，怎样选择战略？

市场竞争战略包括市场领导者战略、市场挑战者战略、市场跟随者战略和市场补缺者战略。市场领导者是指在相关的产品市场上占有率最高的企业，它在价格变动、新产品开发、销售渠道的宽度和促销力量等方面处于主导地位，也是其他企业挑战、效仿或者回避的对象。市场领导者企业一般采取扩大总市场、保护市场份额、扩大市场份额三种战略对策。

市场挑战者的战略目标是增加市场份额并且超过市场领先者,于是就要进攻市场领先者,排挤目前经营该项业务不良和财力拮据而且与自己规模相仿的企业,具体方法可采取价格折扣、廉价品、分销创新或者降低制造成本等。市场跟随者主要是那些不进行挑战而是跟随在市场领导者后面自觉维持共处局面的企业,其主旨是保持现有的市场份额,在产业有发展机会时,能够同样获得这些发展机会,采取的主要策略有紧密追随、适度追随和选择性追随。市场补缺者就是精心服务于某些非常细小的市场,不与主要企业竞争,只是通过专业化经营来占据对自己有利的市场孔隙的企业,其主要战略是专业化市场营销,企业为了取得补缺基点可在市场、顾客、产品或者渠道等方面实行专业化。

在做市场预测时,先将给出的市场预测表进行加工、整理,按产品的种类分别统计出各年的需求量及所有产品各年的总需求量,用此数除以共用一个市场的小组数,就可得到市场对每个小组各种产品及所有产品的平均需求量。所以,在初期基本上不存在具体的地位策略,主要是先去争取更多的市场份额,进而再确定企业在这个行业中所处的地位,以谋求最佳发展战略。在选择战略时,可依据此需求进行产品研发及生产线的投资,以便提供与需求相一致的供给。如果某一年的需求增长较快,投资速度跟不上需求的增长速度,可以在前面有投资能力时进行多投资,用一定的产品库存来满足市场需求的快速增长。一般来讲,选择的投资战略所能提供的供给量应不仅限于上面预计的需求平均数,投资所能提供的供给量应大于需求的平均数。所以,为了能够获得更大的市场份额,需要依据企业的目标、广告策略、销售能力及对其他小组的预计等因素加以确定。

3.3.2 市场领导者的地位重要吗?如何成为市场领导者?

通常,市场领导者被称为市场老大。可以肯定地说,市场领导者的地位非常重要,市场领导者有以下优势。

(1) 市场领导者可以节约广告费。由于市场领导者优先选单,用少量的广告费就能实现在本市场比其他广告费投入多的小组更多的销售。

(2) 市场领导者可以保证实现一定数量的销售。市场领导者可以保证打广告的产品在本市场上都能拿到订单,甚至是好的订单。

(3) 市场领导者有机会选到自己最想要的、最理想的订单。

(4) 抢夺市场领导者远比保住一个市场领导者困难,因此市场领导者一般能够持续,其优势也就自然得以持续。

要抢夺市场领导者的地位,就要在打广告的时候包含本企业所拥有的全部产品,例如,要抢夺国内市场的市场领导者地位,本企业有 P1、P3、P4 三种产品,应该在这三种产品上都打广告,且尽可能地多轮抢单,多抢大额订单,使本企业所有产品在该市场上的销售总额最大。

抢夺市场领导者的地位可以通过两种方式:一种是通过多投入广告费优先选单,企业可以选择销售额比较大的订单,从而实现市场领导者的地位;另外一种是通过抢先将新产品投放市场。每个小组都需要研发新产品,但每个小组的研发时期却大不相同,企业如果能够在其他小组之前研发出新产品并生产销售,由于该新产品只有少数厂家(甚至可能只有一家)生产并销售,则可以用少量的广告费拿到较多销售额的订单,多了一种新产品的销售额，就更容易得到市场领导者的地位。当然，这两种方式都需要有产能的保证，也需要有好的广告策略。

3.3.3 第一年应不应该抢市场领导者地位？

市场领导者是指在相关的产品市场上占有率最高的企业。处于市场领导地位的企业时刻面临其他企业的竞争与挑战，企业为了维护自己的主导地位，必须保持高度警惕并且采取适当的市场竞争战略，否则就可能导致失败。

通常来说，第一年不建议争抢市场领导者地位，不是说抢到市场领导者没有好处，而是说风险太大。要抢占市场领导者需要投入高额的广告费用，但有可能会出现抢到市场领导者带来的好处并不能弥补投入的高额广告费的现象，反而会使企业陷入财务危机。

3.3.4 第一年如果可以拿到市场领导者地位，但没有产能，该怎样选择？

作为市场领导者，可以采取三种战略：①扩大总市场，发现新用户、开辟产品的新用途和增加产品的使用量；②保护市场份额，阵地防御、侧翼防御、先发防御、反攻防御、运动防御和收缩防御；③扩大市场份额。

假如订单需求量比产能多1个产品，可以考虑增加一条手工生产线，年底刚好可下线一个产品用于交货，这样就可以拿到市场领导者地位。但假如订单总需求超出产能2个，就要上两条手工生产线，倘若本年度还打算再上其他生产线，就要租用小厂房，如若以后再卖掉手工生产线，损失就有些过大，可能会完全抵消抢到市场领导者所获得的利益。

在第一年打完广告竞选订单时，有可能遇到现有的产能不够销售的情况。例如，现有的产能只有7个P1，但有一张订单是需求8个P1，如果拿到这张订单就是市场领导者，此时可以计算采取紧急采购产成品、紧急采购原材料与购置一条手工生产线是否能够实现订单并能够盈利，如果能够盈利，则应该选择这张订单，以满足大订单实现市场领导者的目的。但如果选择这张订单不能得到市场领导者地位，则应放弃这一订单，选择符合现有产能的订单，这样就不用紧急采购或投资新的手工生产线。因为手工生产线使用的技术最原始，效率、产能低下，必将被高效、高产的全自动生产线或柔性生产线所代替。

3.3.5 有机会成为市场领导者，但会造成其他市场订单的违约，应该怎样选择？

在这种情况下，建议拿订单做该市场领导者，在交货时，先满足市场领导者的订单，然后在其他没有市场领导者的市场上选择销售额最小、相对最不好的订单进行违约，因为取得市场领导者带来的好处远超过违约所交违约金。

3.3.6 为了保住市场领导者的地位应做些什么？

作为市场领导者，即使不开展攻势，至少应对各条战线保持警惕。领导者必须堵住漏洞，防止进攻者侵入。防守战略的目标就是要减少受到攻击的可能性，将潜在危机竞争者引到威胁较小的地带。此外，市场领导者可以放弃较弱的领域而把力量重新分配到较强的领域。保住市场领导者相对于抢市场领导者要容易些,因为不用投入太多的广告费,只要把尽量多的产品往自己想要保住的市场上销售即可,对于不想抢领导者的市场则可选毛利最大的订单。

要保住市场领导者地位,就要知道各组会怎样抢夺,从而制定相关的保护战略。至于广告策略,在该市场上,可以对需求较多、可能有两轮选单机会的产品投 3M 的广告,对需求较少、可能只有一轮选单机会的产品投 1M 的广告费;对于投资,应该加快新产品的研发速度,同时,尽快对 ISO 进行认证。

3.3.7 各个市场有什么特点?

面对不同的市场,各类产品有不同的需求走势,此时应根据市场预测来对各个市场进行分析。

3.3.8 五个市场应分别在什么时候进行开拓?如果资金出现紧张,必须放弃部分市场的开拓,应怎么决策?

如果有财务能力,五个市场都应该开拓,并且争取在第一年都进行开拓。如果资金紧张,必须放弃部分市场的开拓,那么根据产品组合选择产品市场更广、价格更高的市场优先开发。但如果没有财务能力,必须停止某些市场的开拓的话,一般来说,应先暂停开拓周期长的市场。

此外,根据事先拿到的市场预测,可分析出哪个市场的盈利空间较小,首先放弃盈利空间较小,或市场产品结构与企业决策产品组合不相符的市场。

3.3.9 ISO 认证和市场开拓有哪些特点?

ISO 认证和市场开拓有以下特点:
(1) ISO 认证和市场开拓都是企业投资的无形资产;
(2) 两者都是先投资后受益,并且是投资越早,受益越早,受益越多;
(3) 投资全部是本年的费用,对所有者权益的影响较大。

3.3.10 ISO 认证和市场开拓哪个更重要?

ISO 认证和市场开拓中,市场开拓更为重要,如若没有市场开拓就没法实现销售,但如果没有 ISO 认证,企业同样可以实现销售,只是销售面窄,利润较低。市场是实现产品价值和剩余价值的唯一场所,ISO 认证只有在市场中才能发挥其作用,脱离市场其价值就为零,可以这样说,市场是认证的基础,认证是市场的补充。

3.3.11 ISO9000 和 ISO14000 分别应在什么时候开始认证?

一般情况下,市场预测中对每个市场都有解释:有的市场没有 ISO9000 会很难销售,有的市场没有 ISO14000 不行,有的市场则两个认证都要具备才能畅通无阻。企业 ISO 认证应该在需要它的市场开拓之前或同一时期认证完毕,最好是两者同步,这样可以最有效地利用资金。

任何资金都希望投资后就能得到有效利用和回报。对于认证,如第四年只有少数客户对 ISO9000 有要求,从第五年开始就有多数的客户对 ISO9000 有要求,而客户对 ISO14000 的要求比 ISO9000 迟一年,那么,对 ISO9000 和 ISO14000 都建议在第三年开始进行认证。具体情况视当前规则而定。

3.3.12 如何制定本企业广告策略?

企业的广告策略应与企业的整体发展战略相一致,在投资广告时,首先应考虑企业需要实现的销售目标,其次考虑企业广告费用的承受能力,最后考虑财务对销售应收账款收回时期的需要等因素。

3.3.13 投放广告有哪些技巧?

选择广告的主打产品时需要考虑产品生命周期、市场份额、消费者基础、竞争与干扰、广告频率和产品替代性等因素。

基于以上因素,投放广告应从以下几个方面考虑:

(1) 先根据企业各种产品的产能,估计各种产品需要拿到几张订单(一般假设一张订单销售 3 个产品);

(2) 了解市场的供求情况,对某种产品市场需求远大于供给的,可以按要拿订单张数来确定划分几个细分市场,并且少投入广告费,但如果需求小于供给,就需要多划分细分市场及多投入广告费;

(3) 如果考虑在某一市场上争抢市场领导者,在这一市场内,对需求多的产品少投入广告费,需求少的产品相应多投入广告费,争取每一种产品都能在这一市场上拿到订单,并且拿到好的订单。

3.3.14 广告费大约每年投入多少合适?

广告费的数量应依据需要销售的产品数量和市场的需求情况确定,各年均不相同。一般情况下,第一年的广告费用在 4~8M,第二~六年的广告费用在 10~20M。第一~三年市场竞争激烈,细分市场少,从而每个细分市场上的广告费用就多;第四~六年市场需求比较旺盛,细分市场也多,从而每个细分市场上的广告费用就少。

3.3.15 第一年的广告费需要投入多少?

对于刚刚进入这个行业的新企业,首先要让顾客了解这个企业的产品及其质量和功能,那么就需要确定合适的广告费用和广告规模。第一年的广告费是最难决定的,因为第一年订单很少,大多数队伍只能拿到一张订单,并且夺得了市场领导者的地位下一年就能省不少广告费。但是如果广告费投得过多,又没有成为市场领导者,局面就会一下子变得很被动。因此面对很多初次与之交锋、捉摸不透的竞争对手,一般不宜投入过高,投入中等数量的广告费,拿一个使毛利减去广告费所得余额最大的订单便是企业最合适的选择,这是一个多重博弈的过程,准确地揣摩对手的心理显得尤为重要。

所以,针对第一年的广告费用问题没有确切的答案,但第一年各小组广告费通常集中在 4~8M,并不建议广告费一定要在这一范围,可以根据市场需求,制定自己企业的销售目标,通过博弈、心理战术投入能实现销售目标的广告费。

3.3.16 一张订单包括哪些内容？

一般情况下，订单包括以下内容：①产品的销售数量；②产品的销售额；③产品销售的单价；④应收货款的账期；⑤产品交货期；⑥ISO要求。

3.3.17 选择订单主要考虑哪些问题？

订单上一般包括订单号、市场、产品、数量、账期、销售额等内容，选择订单时，除应全盘考虑以上内容外，对于不同的情况要考虑的重点也有所不同。企业销售困难时，应该选择数量多、销售额大的订单；销售容易时，应该选择利润高、账期短的订单；企业财务困难时，应该选择账期短的订单，或者选择通过贴现为现金后比短账期订单更好的长账期订单。

符合企业需要的订单就是好订单。对于竞争激烈的市场，销售额多的订单是好的订单，与其他订单相比，销售额的增加要能抵消增加产品的直接成本并带来最低要求的毛利；对于竞争不激烈的市场，利润空间高的订单是好的订单。

3.3.18 选择订单时，怎样运用边际贡献？

对于销售数量不同的两张订单，用销售额的增加除以销售数量的增加，再减去该种产品的直接成本就得到该种产品的边际贡献。用这一边际贡献与企业对该种产品要求的最低毛利相比，边际贡献大于毛利就选择数量多的订单，否则选择数量少的订单（假设两张订单的边际贡献都大于毛利）。

3.3.19 如何进行加急订单的选择？

营销总监选择订单时，手中应该已经有该年产量的预算。值得注意的是，加急订单一般数目较小（1个或2个产品），如果有机会选单，应该首先选择产品数量较大的订单保证最大量地销售库存产品。如果加急订单的产品数量在产能之内，可以在之后选单的过程中优先选择加急订单，因为加急订单较普通订单售价高。

3.3.20 选订单时，该产品的原材料不够（假设可紧急采购），应该怎样做出选择？

在这样的情况下，应首先考虑生产该种产品需要紧急订购哪些原材料，需要多花费多少原材料成本，再用订单的销售额减去多花费的成本，用其差额作为订单的销售额，这样就可以把它当作没有紧急采购的订单一样考虑了。

3.3.21 竞单的账期和交货期怎么设置？

按照规则，账期越长，交货期越短，价格越低（价格设定要符合规则规定），则越容易获取竞单。由于竞单是在选单结束后进行的，企业可以通过在前期间谍时间所获取的信息和竞争对手的选单情况，判断对手的剩余库存量，从而判断竞争对手的竞单能力。如果对手的竞单能力较弱，在设置竞单条件时可以根据自身的情况将账期缩短，交货期延长，价格也适当提高；如果竞争对手的竞单能力较强，要想获得竞单，在设置竞单条件时就要苛刻一些。

3.3.22 企业急需现金，是选择有账期的订单来贴现还是选择用现金交货的订单来贴现？

在这种情况下，首先应该计算有账期的订单贴现后能收到的现金，再将该现金金额作为这张订单的销售额与用现金交货的订单进行比较，如果有账期的订单贴现更好、更划算，就选择有账期的订单，否则选择用现金交货的订单。

3.3.23 企业急需现金，是多投入广告费拿零账期的现金订单还是少投入广告费？

企业急需使用的现金，不建议靠多投入广告费拿零账期的现金订单来实现。一般来说，广告费用投入多的企业并不会选择现金交货的订单，因为现金交货的订单一般销售额都比较低，有时还不如拿销售额大、有账期的订单来进行贴现。因此，想拿现金交货的订单并不要多投入广告费，而应在现有的广告策略上尽量争取。另外，多投入的广告费还须立即用现金支付，会使现金短缺更加雪上加霜。

3.3.24 如果订单毛利率低，产能又没法跟上市场的需求，是否选择该订单？

在这种情况下，不建议选择该订单。因为市场的需求大于供给，企业完全可以先将产品库存，参加明年的订单选择，尽管这样会使得产品的交货期推迟一个季度（对账款的收回、现金流的影响不大），但却获得了更高的价格。除非选择该订单会使企业的所有者权益跨过一个额度，给企业的财务融资带来很大的便利。

3.4 生产模块

产品的研发和产品组合应与市场需求和企业整体发展战略相匹配。生产总监按照企业的发展战略规划确定投资产能大、效率高的生产线，同时，生产线的建成也要与产品研发同步。在开始生产前，应制订合理的产销排程计划，以配合资金回流的需要。此外，生产总监要结合市场、财务、原材料等综合情况，预计下一年的产能和费用，以配合其他职务的需要。

3.4.1 应该怎样安排企业的生产？

第一，应该多安排生产市场需求量大、利润高的产品；

第二，应该按照财务的要求尽可能地满足其对产品交货时期的要求，从而达到调节货款收回账期的目的；

第三，在产品库存多时，应多考虑生产直接成本较低的产品。

3.4.2 产能应该怎样计算？

产能应该根据生产线的条数来进行计算。全自动和柔性生产线如果年初有在线上生产的产品，一年可以下线 4 个产品销售；半自动生产线每年可下线 2 个产品销售；手工生产线年初线上生产的产品在第三个周期可下线 2 个产品销售，否则只能下线 1 个产品销售。全部加总就得到企业的产能。

3.4.3 交货有季节性限制时，产能应该怎样计算？

交货有季节性限制时，应该计算并统计出各季度可以提供销售的数量，第一季度可提供销售的数量是季度初库存的数量与本季度下线的数量之和，其他季度可提供销售的数量为上一季度可提供的销售数量与本季度下线的数量之和。

3.4.4 怎样计算其他组的产能？

其他组的产能主要是根据其所拥有的生产线、产品库存和原材料订购情况来判断。
（1）根据生产线种类计算各产品数量。
（2）将库存积压产品也计算在产能内。
（3）考虑原材料的订购情况。考虑到手工线和柔性生产线可能随时转产，因为原材料需要提前一期到两期订购，可根据原材料库已经订购的原材料数量进行估算，以预计可转产的产品种类及数量。

3.4.5 产品有积压时是否应该停产？

即使产品有积压，也不建议停产。企业沙盘模拟经营过程中，一般前几年市场需求较小，后几年市场需求较大，所以，制订生产计划要有长远眼光。在有产品积压的情况下，如果财务能力允许，应该继续生产，在后几年市场需求变大时，仍然有机会卖出全部产品。当然，在经营过程中，应尽量减少库存积压，尽量销售当年生产的产品，避免占用过多的资金。

3.4.6 怎样计算柔性生产线的产能？

柔性生产线一年可生产 4 个产品。第一季度下线的产品已经确定，第二、三季度下线的产品可以根据原材料的订购情况进行计算统计，只要有原材料，可以进行上线生产的产品都有可能，则第四季度所有的产品都有可能下线。需要强调的是，如果确定了某一季度生产什么产品后，其他产品也就不可能有了。

3.4.7 应该投资什么样的生产线？

一般情况下，生产线的投资思路是以全自动生产线为主、柔性生产线为辅，同时，柔性生产线还应该在最初几年时进行投资。但在第五年年末、第六年年初，为了企业的加分也有可能会投资半自动生产线和手工生产线，这要根据企业自身的财务情况，如果资金宽松也可以投资半自动生产线来完成企业加分。

3.4.8　生产线是否越多越好？

生产线并不是越多越好，生产线的多少最好使其产能与市场的需求相匹配，满足企业销售的需要。生产线多不但需要多的投资，同时还会造成产品的积压和库存，使企业资金的流动性减弱，同时也会给财务带来极大的困难。如果生产线少则不能满足市场销售的需要，也就不能为企业实现更多的利润。

3.4.9　半自动生产线是否值得投资？

不建议购买半自动生产线，因为与全自动生产线相比，其产能是全自动生产线的一半，但却占用同样的厂房空间，支付相等的维护费用，投资和折旧费用也都高于全自动生产线的一半；与柔性生产线相比，其产能也是柔性生产线的一半，但却占用同样的厂房空间，支付同样多的维护费用，折旧费用也都高于柔性生产线的一半，尽管投资少于柔性生产线的一半，但却不能自动转产。因此，投资半自动生产线不如投资全自动生产线或者柔性生产线。

3.4.10　半自动生产线和全自动生产线是否值得转产？

半自动生产线和全自动生产线都不建议转产，这些生产线的转产需要花高昂的转产费和转产时间，使这一段时间不能够进行产品的生产。即使转产，其后生产出来的产品多赚取的利润也很难超过转产费用和停止生产那一段时间的损失之和。

3.4.11　生产线应该怎样扩张才能既保证产能又不造成闲置浪费？

生产线的扩张应该结合市场的需求，与市场的需求及本企业的销售能力相一致，不要造成过量的库存，也不要使产能跟不上市场及销售的需要。但在需求增长快而投资跟不上的年度，可以在有投资能力的上一年进行多投资，生产出一定的库存满足此后年度增长的需要。

3.4.12　怎样发挥手工生产线和柔性生产线的灵活性？

要发挥手工生产线和柔性生产线的灵活性，第一，要采购到能实现随时转产的原材料；第二，要用这些生产线多生产市场需求量大、利润高的产品；第三，要尽可能地满足财务对产品交货时间的要求，从而达到调节应收账款账期的目的。

3.4.13　应该怎样利用已有的手工生产线？

手工生产线一般都要被效率高的全自动生产线和柔性生产线所替代，但在手工生产线还没有淘汰时，第一，应充分利用手工生产线，不让其停产；第二，很好地利用手工生产线可随时转产的特点；第三，充分利用手工生产线对产品生产时间进行调节，以实现交货时期的变更，最终达到调节应收账款账期的作用。

3.4.14　手工生产线应该什么时候淘汰？

手工生产线最好在完成折旧之后再淘汰，可以减少损失。另外，手工生产线最好在每年年末,即第四季度淘汰,这样,淘汰的生产线参与了全年的生产,但不需要交维护费用。当然,为了其他生产线投资及财务融资的需要,也有可能不等到第四季度就被淘汰了。

3.4.15　柔性生产线的灵活性能带来哪些好处?

柔性生产线有以下几点好处:①可以根据市场的需求选择市场需求量大、利润空间高的产品进行生产;②可以给市场订单的选择带来很高的灵活性;③可以根据财务的要求进行生产调节,满足财务尽快收回应收款项的需要。

3.4.16　柔性生产线应该在哪一年哪一季度投资?

柔性生产线的建设时期为4个季度,对柔性生产线的投资建设最好在每一年的第一季度就开始进行,这样下一年年初柔性生产线就可以开始生产,既可以在不需要计提折旧的一年实现全年生产,也能够在更多的年数得到柔性生产线随时转产的好处。

3.4.17　后几年现金短缺时,是否应该变卖生产线?

生产线是企业发展的生命,不建议变卖生产线。企业生产出产品并实现其销售才能使企业发展壮大,变卖生产线容易,可要想再投资就需要花费一定的费用和时间。为了缓解现金短缺的压力,建议用应收账款、卖厂房等进行贴现,或停止企业的其他投资。

3.5　采购模块

采购是企业生产的首要环节。企业原材料的采购涉及两个环节:签订采购合同和按合同收料。签订采购合同要注意提前期,采购总监应实现对企业采购活动执行过程中的科学管理,分析各种物资供应的合适时间点,采购合适的品种和数量,为企业生产做好后勤保障。

3.5.1　采购原材料有哪些技巧?

采购原材料可以按以下的思路进行,原材料采购一般是在参加订货会,拿到订单确定本年的生产后进行,根据本年的生产方案就可以确定本年各季度需要上线生产的各种产品数量。同样,还得预计下一年前两个季度需要上线生产的各种产品数量。在做这一预计时,应该先确定所有全自动生产线需要上线生产的各种产品数量,再依据市场对各种产品的需求及各种产品的毛利润来预计将要生产哪种产品,从而确定各季度需要上线生产产品的数量,计算出该季度需要的各种原材料及其数量。再将这些原材料的数量按各自需要的提前订货期向前移动相应的季度,最后用第一个季度的订购量减去已经订购的或者库存的原材料数量。除此之外,在财务比较富足时,用于下一年柔性生产线和手工生产线生产的原材料可以适当地多订,使下一年柔性生产线和手工生产线可选择生产产品的范围更广,这样得到的就是这一年的采购订货情况。

3.5.2 怎样控制原材料的采购数量？

控制原材料的采购数量其实就是限制库存的数量，为了满足柔性生产线和手工生产线随时转产的需要，允许企业出现原材料库存，但只应出现在每一年前两个季度。对于提前一期采购的原材料，应只在每一年的第一季度库存；提前两期采购的原材料，应只在每一年的前两个季度库存；在其他的季度，这些原材料都应做到零库存。但如果其他的季度出现原材料库存，这时除非这一库存的季度没有这种原材料的入库，否则就是没有实现原材料的采购控制。

3.5.3 采购怎样和生产协调一致？

采购是生产的前提，生产是采购的实现，两者只有协调一致才能实现共同的目标。生产总监只有监督好原材料的采购，才能保证生产的正常进行；采购总监只有预计好企业的生产，才能做好采购。生产总监在预计生产时应考虑市场和财务，多安排生产市场需求量大、利润高的产品，同时也应按财务对现金流的需要安排生产，以实现财务在不同时期收回货款的需要。

3.5.4 采购柔性生产线和手工生产线的原材料时，怎样和市场的目标一致？

营销总监希望销售需求量大、利润高的产品，同时还希望选单时有更多的灵活度。在订购原材料时，为了尽可能地满足营销总监的这一需要，采购总监应按需求量大、利润空间大的产品来订购原材料，并在财务允许的范围内适当地多订购一些，尽可能地增加生产的灵活度，给予营销总监更大的选单灵活性。

3.5.5 怎样做好柔性生产线和手工生产线的随时转产，让选单的灵活性更高？

为了让营销总监选单时的灵活性更高，采购总监订购原材料应该在财务的允许范围内尽可能地满足所有产品生产的需要，同时尽量降低原材料的库存。

3.5.6 采购柔性生产线和手工生产线所需的原材料时，怎样考虑财务的现金流？

在现金允许的情况下，订购这些生产线所需要的原材料可以按产品来确定。现金流比较困难时，可按市场的需求，依据最有可能需要生产的产品的原材料进行订购。

3.5.7 提前一期与提前两期采购的原材料对手工生产线和柔性生产线随时转产有什么影响？

提前一期采购原材料的灵活性更大，而提前两期的灵活性较差，要使两者的灵活性相同，那么提前两期采购原材料造成的库存就会是提前一期的两倍，即提前两期采购原材料要占用两倍的资金。因此，在财务困难时，应多选择提前一期采购原材料。

3.5.8 可紧急采购原材料时，应该怎样订购原材料以实现随时转产？

原材料的订购主要依据企业的财务情况，对于财务比较困难，又可紧急采购原材料时，订购手工生产线和柔性线生产所需要的原材料，应按需求原材料较少的产品的原材料下订单，同时适量地多下一些非共用的原材料订单，从而满足需要少数原材料的产品的随时转产需求。但如果要生产其他没有订购原材料的产品，可以在拿到订单确定生产该种产品后再紧急补购。

3.5.9 第五年年末应该怎样订购原材料以满足最后一年可能购建生产线的需求？

由于第六年不需要考虑下一年的还贷压力，第六年年初可以全额借款。按照规则，生产线建成即可加分，无需生产产品。贷款后，实现厂房租转买、新生产线购置活动，无需为因加分而购建的生产线订购原材料，只需按销售计划提前购置第六年的原材料即可。

3.5.10 新建的生产线应该怎样订购相应的原材料？

对于物理沙盘来说，在投资新生产线时并不需要确定其建成后生产哪种产品，可以在建成后再确定，即原材料的订购也有一定灵活性。所以，依据市场需求，在财务的许可范围内，订购的原材料应该尽可能地满足新生产线可随意生产不同种产品的需要。但对于电子沙盘来说，需要在投资新生产线时就确定该生产线建成后生产哪种产品，因此其原材料的采购与所有生产线一样，按照生产线建成的时间及预计生产产品，按照原材料的提前期倒推出原材料采购的时间。

3.5.11 最后一年应该怎样订购原材料？

最后一年的原材料可以根据拿到的订单计算出各种产品的销售量，再由这些数量计算所需要的各种原材料数量，最后减去企业库存的、在线生产产品的，以及已下订单还未入库的原材料数量，就可以得出第六年需要再订购的原材料数量。

3.5.12 如何做到原材料零库存？

要做到原材料零库存，就需要采购总监和生产总监甚至还有营销总监默契地配合。沙盘的宗旨就是需求决定生产，生产决定采购。年初，根据营销总监拿到的销售订单，生产总监和采购总监就要核算出每季度正常生产所需的各种原材料的数量，然后采购总监根据各种原材料的订货提前期填列订货单，如此就能实现原材料的零库存，为企业减少大量的资金占用，提高资金利用率。

对于4种原材料及两种不同的订货期（提前一个季度和提前两个季度）来说，要想实现原材料的零库存并不困难。首先，计算出每一季度需要上线生产的各产品的准确数量；其次，应依据这一数量计算出每一季度上线生产所需要的各种原材料的数量；最后，将提前采购一个季度、两个季度的原材料的数量分别往前移动一个季度或两个季度就得到各季度的采购量。可以利用生产计划表和采购计划表制订原材料采购计划，实现企业原材料的零库存。

3.5.13 怎样利用企业储存的无成本好处？

库存无成本的好处主要是针对手工生产线和柔性生产线的随时转产而言的，要实现这些生产线的随时转产就需要多订购原材料，多订购原材料就会造成库存，库存就需要考虑库存费用。但由于在企业沙盘模拟经营中库房使用无成本，因此，可以为了实现随时转产，适量地库存一些原材料。

3.5.14 零库存真的完美吗？

零库存并不一定完美，第一，零库存不能实现柔性生产线和手工生产线在生产上的随时转产；第二，零库存不能给市场销售带来灵活度；第三，零库存不能让财务总监调节产品的交货时期，以实现财务对现金流的需要；第四，没有充分利用原材料库存零费用的好处等。

在手工生产线和柔性生产线存在的情况下，库存要适当地多一些，具体哪种原材料库存多应视产品的不同而定，这样可以使营销总监抢单时的选择余地更大。

3.6 团队模块

在艰苦创业的道路上，团队是创业成败的关键。团队协作需要每个成员之间建立一种亲密、默契的关系，其中领导者是一个重要的角色。一个团队的领导者在影响他人实现预期目标的过程中起着指导、协调和激励的作用。在管理过程中，由于组织成员在能力、态度、性格、地位等方面存在差异，加上各种外部因素的干扰，会不可避免地出现思想上的分歧和行动上的偏离，因此，需要领导者来协调各成员之间的关系，使之朝着共同的目标前进。

3.6.1 如何创造并维护成员间的良好氛围？

良好的氛围对于一个团队来说就好比肥沃的土质对于大树，而成员间关系紧张的团队要想取得好成绩无异于在盐碱地上种水稻。一个团结融洽、互帮互助、充满关心与爱护的团队是取得胜利的必要条件。要创造并维护成员间的良好氛围，应注意以下几点。

(1) 沟通。团队组建伊始，每位成员应迅速融入组织，积极与队友交流，交流内容不仅限于比赛心得还应该包括各种感想，充分地沟通是消除隔阂、促进理解、巩固友谊的有效工具，有任何意见和建议应该在团队中公开说明，不要背地里议论其他成员。

(2) 待人要诚恳、正直。

(3) 队友之间要互相关心、互相帮助。

3.6.2 如何正视成员间的意见和冲突？

任何组织都会有一定的冲突，没有冲突，组织就没有生命力，就不会有创新，但过于激烈的冲突也会给组织造成破坏。在管理中，如何把握组织内部的冲突也是一种艺术，能够用好冲突这个工具是构建与维护一个和谐、融洽的团队所必不可少的。

在正式比赛中，新道公司往往在比赛的前一天晚上才发放比赛规则和初始状态，因此各参赛队只有一个晚上的时间来讨论。在激烈的讨论中，各种各样的想法层出不穷，很多不同的意见会碰撞，甚至会有针锋相对的意见出现，双方各执一词。如此下去，很有可能爆发更严重的冲突，作为小组的协调者应该怎么办？

团队成员的出发点都是为了自己的企业经营得更好，这是不容置疑的。大家讨论甚至争论也是正常的而且是非常提倡的，但是讨论的内容和激烈程度应该控制在一定的范围内。讨论的内容应该仅限于比赛内容，绝对不能涉及个人，激烈程度也应加以控制。

3.6.3 如何修炼自己的领导力？

领导者是处在特殊位置上的人，必须在工作和生活中做出榜样。领导是由权力派生而来的，领导者要能够运用其所拥有的权力，以一定的方式对他人形成影响。领导者拥有的权力就包含法定权力、奖赏权力、强制权力、专家权力、感召力和参考权力。

领导力的来源有三个：第一，职位权力，即在其位，司其职，谋其政；第二，能力权力（权威），由领导者自身的业务或学术能力决定；第三，道德权利（体恤下属），来自领导者对下属的关心爱护。

一般来说，好的领导者靠的不是他的职位权力，这种权力依靠其所处的职位，仅仅有这种权力会让下属口服心不服。好的领导者一般都有较强的业务或学术能力，由此而来的能力权力会在组织中起模范表率作用，从而使下属心服口服。领导者最重要也是最有效的领导力来源是道德权力，一个关心下属、充分体恤下属的领导者往往占领了道德高地，令下属无不怀有感激、感恩之心。因此，领导者首先要了解员工的需要，使组织目标转化为个人目标，公正地对待每一个下属。

3.6.4 每位成员在做好自己本职工作的同时，是否还应具备某些其他岗位的基本技能？

企业沙盘模拟经营中，五个职位各自的工作各有特点，同时他们之间也存在关联与制约关系。在现金流上，营销总监应了解财务现状，财务账目上现金是否紧张，年初是否需要拿大订单来贴现，还是抢毛利大的订单来提高权益；对于生产费用、生产线建设所需资金情况，生产总监应及时提供给财务总监，财务总监对生产情况也要有所了解。在物流上，营销总监应该知道怎样计算产能，对自己的产能、柔性生产情况要一清二楚，对主要竞争对手的产能也要有所了解，在抢单时才能游刃有余。生产总监和采购总监对对方的工作要知根知底，由于这两项工作的关联与制约性最强，两者对对方的工作要达到能够取而代之而企业不受丝毫影响的程度。

总经理虽然不分管任何工作，但应对企业的任何工作都要有所了解，尤其要掌握企业的发展方向，确定企业的战略目标，否则就不能进行全局把握和全盘监控。总经理对财务尤其要了解，因为企业是为利润而存在的。

3.6.5 怎样做到相互协助、相互监督，让错误率降到最低？

▶ 1. 第一重要组合：生产总监与采购总监

采购总监筛选原材料订单的依据是生产总监所预算出的原材料需求，而原材料的采购又是稳定生产的前提。这是一条环环相扣的锁链，假如两者有一次配合不好导致原材料积压过多或停工待料，就会造成资金占用甚至更严重的订单违约。尤其是在企业购置柔性生产线后，频繁的柔性产品转产更是对这一组合的一种考验。

▶ 2. 第二重要组合：财务总监与 X

X 可以是任何一位熟悉财务报表的成员，以便在年末单独填列一份报表与财务总监对账，核查错误。首先，我们推荐 X 为总经理，因为总经理带领团队进行年度的每一步运营，对每一笔支出和每一笔收入都很清楚，由总经理担此任务最合适不过。另外，熟悉财务报表是每一位总经理的必修课，参与企业报表的填列与制作能加深总经理对本企业的了解，从而提高总经理的全局把握能力。

▶ 3. 第三重要组合：营销总监与总经理

每年度广告的投放要由全组讨论商议，营销总监是主角。营销总监填好广告表后要交由总经理审核，总经理审核通过后才可交表，以杜绝填表过程中的疏漏。

3.6.6 运营出现严重失误或遭受重大挫折时，应怎样稳定心态、重整旗鼓？

首先，团队的每个成员都要学会用积极的心态面对每一个问题。比赛形式千差万别，犹如战场风云瞬息万变，稍有不慎，就有可能棋失一招，一招失误就可能对整体局势造成巨大影响，可能导致企业的竞争优势瞬间荡然无存甚至面临破产威胁。企业运营应尽量避免这种情况，但万一遇到了也不能被其吓倒，在重大挫折面前，不自暴自弃、不互相抱怨、不互相推诿、团结一致、积极思考解决方法、克服困难是最重要的。任何责任的追究以及消极情绪的流露都是不可取的，这些只会让团队失败的可能性越来越大。

参 考 文 献

[1] 王新玲，郑文昭，马雪文. ERP沙盘模拟高级指导教程[M]. 北京：清华大学出版社，2014.
[2] 李立辉，田雪松，ERP沙盘模拟实训教程[M]. 哈尔滨：哈尔滨工业大学出版社，2014.
[3] 何晓岚. ERP沙盘模拟实用教程[M]. 北京：北京航空航天大学出版社，2014.
[4] 邓文博，陈御钗. ITMC企业经营决策沙盘模拟实训教程[M]. 北京：中国水利水电出版社，2013.
[5] 蔡雪莹，谢鹏如，王超. ERP沙盘模拟经营[M]. 北京：电子工业出版社，2017.
[6] 刘勇. ERP沙盘模拟实训教程[M]. 北京：经济管理出版社，2014.
[7] 陈明，张健. ERP沙盘模拟实训教程[M]. 北京：化学工业出版社，2009.
[8] 刘平. 企业经营沙盘模拟实训手册[M]. 北京：清华大学出版社，2015.
[9] 王爽，丰澜，李文国. 企业模拟经营实训教程[M]. 北京：北京理工大学出版社，2016.
[10] 郑洪文，郭广师. 沙盘模拟对抗实训教程[M]. 北京：北京理工大学出版社，2012.

教师服务

感谢您选用清华大学出版社的教材！为了更好地服务教学，我们为授课教师提供本书的教学辅助资源，以及本学科重点教材信息。请您扫码获取。

❯❯ 教辅获取

本书教辅资源，授课教师扫码获取

❯❯ 样书赠送

企业管理类重点教材，教师扫码获取样书

 清华大学出版社

E-mail: tupfuwu@163.com
电话：010-83470332 / 83470142
地址：北京市海淀区双清路学研大厦 B 座 509

网址：http://www.tup.com.cn/
传真：8610-83470107
邮编：100084